Sprita Tondra

Die Tondra, die spinnt

Aus dem Leben einer Sozialarbeiterin

Eine tragisch-komische Erzählung

Jede Ähnlichkeit mit bekannten Personen ist weder zufällig noch unbeabsichtigt

Bibliografische Information der Deutschen Nationalbibliothek:

Die Deutsche Nationalbibliothek verzeichnet diese Publikation in der Deutschen Nationalbibliografie; detaillierte bibliografische Daten sind im Internet über http://dnb.dnb.de abrufbar.

Alle Rechte liegen bei der Autorin

Herstellung und Verlag:

BoD - Books on Demand, Norderstedt

ISBN: 9783738640786

Vorwort

Meinem Buch den Titel zu geben: „Die Tondra, die spinnt…"
entstand aus dem Bauch heraus. Die Reaktionen meiner Umwelt
auf mein Handeln lassen mich vermuten, dass sie es
wahrscheinlich so sieht: Ich spinne!
Das mag sein.
Ich habe versucht, mir im Laufe meines Lebens meinen Humor zu
bewahren, das ist mir teilweise gelungen. Nur mein Humor ist
nicht unbedingt der Humor der breiten Gesellschaft. Ich lache
trotzdem über meine Witze, stellen sie doch auch eine gewisse
Selbstironie dar. Ich lasse mich auch gerne auf die Schippe
nehmen und kann auch darüber herzlich lachen.
Dass ich gerne lache, bedeutet nicht, dass ich das Leben nicht
auch ernst nehme.
Und auch die Menschen um mich herum nehme ich ernst.
Vielleicht ist es das, was ich mir zukünftig etwas abgewöhnen
sollte, denn dieses Ernst-nehmen lässt mich manchmal
verzweifeln.
Unser Geschäftsführer sagte letztens einen Satz, der mich tief
berührt hat: „ Als Geschäftsführer spiele ich eine Rolle und einiges
davon entspricht nicht meiner persönlichen Einstellung."
Das ist mir bisher nicht gelungen.
Ich spiele keine Rolle - ich bin, wie ich bin.
Privat wie beruflich.
Ich bin überheblich, anmaßend und provokant.

Im tiefsten Inneren schlummert in mir der Wunsch, ein guter Mensch zu sein. Gelingt mir nicht immer.

Aber wie heißt es so schön: Die Hoffnung stirbt zuletzt.

Was ich hier niedergeschrieben habe entspricht meiner Wahrnehmung und meinem Empfinden. Inwieweit es der Realität entspricht, kann ich schlecht sagen. Vielleicht finden Sie sich beim Lesen wieder und rufen laut aus: „Ja, ja, genau so ist es!" Ich hoffe, Sie können dann genauso lachen wie ich.

Genau das möchte ich erreichen: Sie zum Lachen zu bringen, wenn es zum Weinen nicht reicht.

Mir reicht's...

Guten Tag, mein Name ist Sprita Tondra, ich bin 47 Jahre alt und Sozialarbeiterin.

Heute, am 23.05.2014, beginne ich mein Buch.

Gestern Abend habe ich beschlossen, der Welt die Augen zu öffnen.

Ich werde unverblümt über die Zustände meiner sozialen Welt berichten.

Wissenschaftlich fundiert?

I wo - in meinem Hirn gewachsen, auf dem Mist anderer aufgebaut.

Über Jahre.

2015 feiern wir 20jähriges Jubiläum!

20 Jahre Sozialarbeiterin - ist das kein Grund zum Feiern?

Die Frage ist: Wie bringe ich all' mein wirres - aber dennoch außerordentlich grandioses - Gedankengut auf's Papier?

Ich könnte jetzt ganz professionell vorgehen:

Brainstorming.

Mindmap.

Nah- und Fernziele bestimmen.

...

Das ist nicht meins.

Viele behaupten, dass es nur so geht.

Packen wichtig Flipcharts aus, entwerfen über Tage, Wochen Power-Point-Präsentationen, es gibt Meetings, runde Tische, eckige Tische, gar keine Tische…
Zum Schluss verstauben die Unterlagen in unsortierten Schubladen…
Entspannung bitte, auch ich habe verstaubte Unterlagen, angefangene Projekte…

Ich hab´ mir ein Bier aufgemacht und es wird nicht das letzte sein…

Prost!

Harmloser Anfang

Eigentlich fing ja alles ziemlich harmlos an.
Unspektakulär eigentlich…
Geburt.
Kindheit.
Schule.
Beruf.
All das wäre vielleicht auch ein Buch wert…

Ab da wurde es schräg…

Eine wirkliche Vorstellung oder gar Berufung verspürte ich nicht.
Konstantin Wecker singt (Gott sei Dank), weil er ein Lied hat.
Ich spinne, weil mir nichts anderes einfällt…

Über diesen Witz lache ich wahrscheinlich am lautesten - aber das
geht mir häufig so…

Wirklich viel beworben habe ich mich nicht.
Arzthelferin.
Da ich keinen Umschlag zuhause hatte, gab ich die Bewerbung
damals meinem Vater - welcher ein herausragender Maler- und
Lackierer Meister ist - mit der Bitte, diese in einen Umschlag zu
stecken und mit der Adresse zu beschriften.
Hilfsbereit erfüllte er diese Aufgabe.
Im Vorstellungsgespräch sprangen mir folgende Buchstaben von
meinem Bewerbungsumschlag entgegen:
PERSÖHNLICH

Meine Güte - das war peinlich.

Für die, die es nicht wissen, das Wort wird ohne „H" geschrieben.

Neeeeein - nicht persöhnlic.

Richtig ist:

Persönlich!!!

Tja, die Stelle habe ich nicht bekommen.

Zahntechnikerin.

Ich sollte aus Gips einen Würfel herstellen - hihi…

Das, was ich übereifrig in stundenlanger, liebevoller Kleinarbeit, hergestellt habe, erinnerte eher an einen Hundehaufen…

Aber ich schwöre, die Zahlen waren richtig drauf…

Die Stelle habe ich zum Glück der Zahnbedürftigen nicht bekommen.

Technische Zeichnerin.

Ich wurde nicht zum Vorstellungsgespräch eingeladen.

Kfz-Mechanikerin.

Vorstellungsgespräch.

Eignungstest.

Voilà - die Katze war im Sack…

Mein, kurz vor der Pension stehender, Meister fand es 1986 gar nicht chic, Frauen in seiner Werkstatt zu beschäftigen - er musste sich aber dem Personalrat und meinen hervorragenden Leistungen beugen und mich ausbilden.

Städtischer Fuhrpark - Schwerpunkt LKW-Instandhaltung.

Über das Herzblut dieser Ausbildung durch meinen Meister brauche ich kein Wort zu verlieren.

Gerne würde ich Ihnen das Gesicht meines Meisters präsentieren, als ich ihm nach zwei Jahren mitteilte, dass ich aufgrund meiner sehr guten schulischen Leistungen die Möglichkeit hätte, meine Prüfung ein halbes Jahr vorzuziehen. Seine Überprüfung meiner praktischen Fähigkeiten war der gespielte Witz, wie gesagt, der Herr stand kurz vor seiner Pensionierung. Jahrelang im städtischen Fuhrpark angestellt und vieles, was über Reifenwechsel, Reifen nachschneiden und Schneepflugmontage hinausging, wurde in eine FACHWERKSTATT gegeben.

Stunden könnte ich Ihnen auch aus dieser Zeit berichten, aber vielleicht wird das 2027 mein zweites Buch.

Ich bestand die Prüfung und war arbeitslos.

Lange.

Länger.

Noch länger.

Dank der guten Frau vom Arbeitsamt bekam ich aufgrund von Rückenproblemen eine Umschulung bewilligt.

Im Eignungstest stellte sich heraus, dass ich angeblich über sehr gute Fähigkeiten im mathematischen Bereich verfüge. Die anderen Bereiche waren auch überdurchschnittlich, aber nicht so herausragend wie dieser.

Das behauptete auf jeden Fall die Dame vom Arbeitsamt.

Ich weiß ja nicht, wer sonst noch so geprüft wurde.

Selbstverständlich weiß ich, dass fünf und eins gleich sieben ist, aber ist das herausragend?

Nun gut, ich bin eine Koryphäe.

Jetzt ist es raus.

Bitte glauben Sie nicht, ich sei arrogant oder gar überheblich.

Ich persönlich nenne mich „The brain", aber mit Überheblichkeit hat das nichts zu tun.

An meinem Schreibtisch hängt eine Postkarte mit der Aufschrift:

Ich bin kein Klugscheisser - ich weiß es einfach besser.
Das entspricht genau meinem Naturell.

In jugendlicher Verstrahlung folgte ich dem Vorschlag der Reha-
Beraterin, eine Umschulung zur Industrieinformatikerin zu
machen. Ich hatte soviel mit Computern am Haken wie der Papst
mit der körperlichen Liebe.
Sie verwarf meine Bedenken und sah in mir schon eine
aufstrebende Computerkoryphäe.
Ihr Wort in Gottes Gehörgang.
Ich begann im Herbst 1991 die Umschulung zur
Industrieinformatikerin und scheiterte im Dezember 1991 prompt.
Auch dies würde Stoff für ein kurzes Buch bieten, aber dazu
vielleicht 2047 mehr.

1992 bekam ich, nach einer diagnostizierten psychischen
Instabilität, die zweite Chance und startete am 05.10.1992 mein
Studium zur Diplom Sozialarbeiterin in einer der schönsten
Städte Deutschlands.

Ich - mit meinem qualifizierten Hauptschulabschluss.

An dieser Stelle kann ich mich nur bei meinem grandiosen
Klassenlehrer bedanken, der mir den Mut mit auf den Weg
gegeben hat, dass man alles schaffen kann, wenn man nur will.
Wenige Menschen in meinem Leben bewundere ich - er ist einer
davon.
Er ist der Held meiner Schulzeit.
Intelligent, gepflegt, witzig, ernst und außerordentlich sozial.

Neben interessantem Unterricht hat er uns Achtung und Respekt entgegengebracht und uns ernst genommen.
Er hat auch bei nicht unterrichtsrelevanten Themen Stellung bezogen.
Er konnte Fehler verzeihen und gute Leistungen wertschätzen.
Rückblickend kann ich sagen, dass man bei ihm das Gefühl hatte, dass er hinter jedem einzelnen auch die Geschichte jedes einzelnen gesehen hat.
Und eins versichere ich Ihnen, es waren nicht nur süße Kindheitsgeschichten.
Er hat es geschafft, diesen Sauhaufen in Schach zu halten.
Ich verneige mich vor ihm und danke ihm von ganzem Herzen.

Dass ich die Möglichkeit bekam, Sozialarbeit zu studieren, verdanke ich der damaligen, kurz vor dem Ruhestand stehenden, Fachbereichsleiterin, einer sehr menschenfreundlichen Persönlichkeit, die ihre gelehrte Sozialarbeit auch lebte.
Zum Beispiel gab sie mir die Möglichkeit Sozialarbeit zu studieren, obwohl mein Weg bis dahin nicht sehr geradlinig verlaufen war.
Damals war ich nicht sehr selbstbewusst, aber ich war stolz darauf, dass ich studieren konnte. Ich ahnte nicht, wie schwer die Zeit sein würde, die mir bevorstand.
Durch eine Begabtenprüfung - für Menschen ohne Abitur - also für MICH, erhielt ich die Möglichkeit, diese Zugangsvoraussetzung für´s Studium zu erlangen.
Mein lieber Schwan, damals wurden mir die Grenzen meiner kognitiven Fähigkeiten schmerzlich bewusst.
Nach mehr Tiefen als Höhen überwand ich auch diese Zeit und schlug mich durch´s Studium.

Für einige der Tiefen danke ich dem Nachfolger der Fachbereichsleiterin - er bezeichnete sich selbst als Linguistik - Ästhet und fand meine Ausdrucksweise schriftlich wie wörtlich furchtbar, was dann auch immer recht schnell notentechnisch Konsequenzen für mich hatte. Der Inhalt hatte wohl für ihn wenig Bedeutung - außer man konnte ihn mit Körbchengröße in Verbindung bringen.

Gut gefüllte Körbchen ließen bei diesem recht lang gewachsenen Menschen eine Andeutung von Verneigung erkennen. Wenn er dabei nicht gesabbert hätte, hätte ich ihm vielleicht Wertschätzung der Person zugestanden.

Aber Hauptsache, man kann sich gewählt ausdrücken!

Aber egal, ich habe es geschafft.

Im Herbst 1995 konnte ich von ihm mein Diplom entgegennehmen.

Ach, war mir das eine Wonne, ein Freudenfest.

Dies tat ich mit großer Genugtuung - mit Federboa, Sonnenbrille und leichter Fahne von der Feier des Vortages.

Das war der Anfang…

Heute stellt sich mir die Frage:

Ist eine schlechte Handwerkerin immer noch eine gute Sozialarbeiterin?

Ist eine gute Handwerkerin eine schlechte Sozialarbeiterin?

Oder kann das Eine von dem Anderen profitieren.

Gegenwart

Seit 19 Jahren arbeite ich als Sozialarbeiterin, seit 15 Jahren bin ich in einer sozialen Einrichtung irgendwo in Deutschland angestellt.

Bin ich Sozialarbeiterin oder arbeite ich als Sozialarbeiterin? Ich leite eine Gruppe mit schwerstmehrfachbehinderten Menschen - ist diese Formulierung eigentlich noch politisch korrekt?

Ich führe ein Team von 10 MitarbeiterInnen ohne geistige Behinderung, soweit ich informiert bin.

Ich leide häufig unter einer wenig innovativen, aber dennoch liebenswerten Chefin und einer noch weniger innovativen Einrichtung, darüber hinaus leide ich unter einzelnen Menschen von Berufsständen wie ErgotherapeutInnen, ich leide unter Eltern, die die Behinderung ihres Kindes auch nach 20 Jahren noch nicht angenommen haben, ich leide unter den, meines Erachtens, asozialen Verhaltensweisen mancher Kollegen im sozialen Bereich, ich leide unter Menschen, die mir täglich irgendwo begegnen.

Ganz besonders leide ich unter den sozialen Beziehungen, zu denen ich mit zunehmendem Alter immer weniger fähig bin, und ich leide unter mir selber - der gespaltenen Persönlichkeit - Handwerkerin oder / und Sozialarbeiterin.

Hätte ich mich 1995 selbst einschätzen müssen, ganz sicher hätte ich mich als sozialen und beziehungsfähigen, toleranten und aufgeschlossenen Menschen bezeichnet, der an Veränderung glaubt und die Hoffnung hat, dass Menschen positive Veränderungen wünschen.

Das glaube ich heute immer weniger.

Ich habe die Nase voll von diesem ganzen „Scheiß".

Ich werde Ihnen meine Gefühle und Gedanken beschreiben - unverblümt - unzensiert - und ich hoffe, dass ich es schaffe, mich nicht zu schämen.

Und ich hoffe, dass kein Linguistik - Ästhet dieses Buch liest.

Ich arbeite als Gruppenleiterin und eine genaue Stellenbeschreibung gibt es nicht.

Das hat den Vorteil, dass mir jede Aufgabe übertragen werden kann, ohne Widerspruch möglich zu machen.

Ich verfüge über einen Schreibtisch mit den ausladenden Maßen 0,60m x 1,00m - nur so zur Vorstellung - kleiner als die Maße eines Kinderbettes…

Das Ganze ohne Computer heimelig in der Gruppenküche.

Gerne benutzen die Kollegen und Kolleginnen diese „Riesenfläche" als Ablage für Handtaschen, Gläser, Tassen, Dekomaterial und und und…

Danke, dies erleichtert es mir ungemein, spontan Aufgaben zwischendurch zu erledigen!

In dieser Küche wird gelebt, gestritten, Essen püriert, geklappert und das alles während ich Arztgespräche führen, Eltern telefonisch beruhigen, verständliche Texte in Akten schreiben soll…

Handschriftlich versteht sich, ja richtig, wir haben 2014, nein, wir schreiben von Hand.

Manches leserlich, manches verständlich, vieles stümperhaft…

Ich möchte an dieser Stelle nicht verheimlichen, dass für die Gruppenleitungen ein Büro im Keller geschaffen wurde: Zwei Schreibtische mit zwei Computern ohne Internetanschluss für fünf Gruppenleiter und -leiterinnen und einem schon lange abgeschriebenen Besprechungstisch mit acht unbequemen, kalten Stühlen.

Keine Sorge, es gibt auch Fenster - sogar ohne Gitter.

Ein Problem ist: Alles, was ich brauche, befindet sich in meiner Gruppe, und die ist weit weg.

Ein weiteres Problem ist: Ich bin zwar als Gruppenleitung angestellt, aber nicht freigestellt von den üblichen Arbeiten des Betreuungspersonals.

Also Klartext: Ich erledige die täglichen Aufgaben des Betreuungspersonals PLUS die Aufgaben der Gruppenleitung.

Wann ich das tue ist mir großzügigerweise freigestellt, während der Arbeitszeit ist es selten möglich, ohne das Gefühl zu verspüren, die anderen hängen zu lassen.

Wenn ich mehr als drei Tage hintereinander diesen Raum aufsuche, werden auch schon Stimmen laut, ob ich mir wieder einen Lauen mache, ob ich mich noch was hinlege - und das von vielen Seiten.

Ich habe mich schon oft gefragt, ob das nur Sprüche sind oder ob was hinter diesen Aussagen steckt.

Zu folgenden Erkenntnissen bin ich gelangt:

Sozialneid.

Fehlende Anerkennung der Notwendigkeit einer Gruppenleitung.

Angst, ich könnte etwas aushecken, das mit Veränderung, mit Bewegung zu tun hat.

Angst, ich könnte etwas aushecken, das mit Ansprüchen und Kosten zu tun hat, und vielleicht das System in Frage stellt.

Ich erledige also nur das Notwendige in diesem Raum, der im Sommer angenehm kühl und im bergischen Winter „arschkalt" ist.

Entwicklungen, Visionen, die ich mit meinem immer noch engagierten Team habe, kann ich nur selten umsetzen, außer ich tue dies zuhause.

Notwendig sind Dienstpläne, Medikamentenlisten, Abführlisten und Duschpläne.

Gesetzlich gefordert sind viel umfassendere Dokumentationen, die in mehr oder weniger regelmässigen Abständen von der Heimaufsicht überprüft werden. Aber diese Dokumentationen erledige ich LIEBER handschriftlich im besagten Küchenbüro.

Der Heimaufsicht werde ich ein gesondertes Kapitel widmen und ich freue mich schon jetzt diebisch darauf. Es sei an dieser Stelle nur soviel erwähnt, dass ich vermute, dass es bundesweit sicherlich schon einige heimliche Selbsthilfegruppen mit suizidgefährdetem Pflegepersonal gibt - wahrscheinlich bei Facebook. Auch hier werden für die Krankenkassen aus den Folgeschäden exorbitante Kosten entstehen.

Suchte ich also mehr als drei Tage hintereinander dieses Büro auf, würde sich folgendes Szenario abspielen.

Ich sitze am Computer und versuche die entwickelten Teamgedanken auf's Papier zu bringen, in Form zu bringen, lebbar zu machen, dokumentierbar zu machen.

Unsere Einrichtung entwickelt ALLES selbst!!!

Vorlagen von renommierten Anbietern sind verpönt und in unserer Einrichtung nicht anwendbar, wir, die so ganz BESONDERS, so ganz ANDERS sind, müssen, zumindest in diesem Bereich, kostengünstig sein.

In aller Regelmäßigkeit vermittelt uns unsere Chefin, dass wir ja so teuer sind und keinen Gewinn erwirtschaften, dass wir mit Abstand die höchsten Personalkosten verursachen und und und.

Vielleicht wird ihr das auch von Seiten der Geschäftsleitung so suggeriert und sie besitzt nicht genügend Selbstbewusstsein, unsere Arbeit stolz zu präsentieren.

Diese ganze Dokumentationsgeschichte geht ihr offensichtlich auf die Nerven, aber vielleicht sollte sie aufhören mit ihrem Zwei-Finger-Suchsystem ellenlange Berichte zu verfassen und sich den wesentlichen und spannenden Dingen zu widmen.

Also, das Personal verursacht hohe Kosten!

Hallo, geht´s noch?

Nicht wir, sondern die Bewohner und Bewohnerinnen benötigen einen derartigen Stellenschlüssel, sie sind aufgrund ihrer umfassenden Behinderung nicht in der Lage, materiellen Gewinn zu erwirtschaften.

Und bitte, vergessen Sie nicht, wir reden von gesetzlichen Ansprüchen, von gesellschaftlichen Forderungen, von zugestandenen Stellenschlüsseln, die selbstverständlich nicht im Einklang mit den Forderungen stehen.

Also ich sitze und denke und denke und schreibe und sitze und schreibe…

Vielleicht habe ich zwischendurch sogar mit der Gruppe, einer anderen Gruppenleitung oder meiner Mutter telefoniert.

Denn seit geraumer Zeit ist es uns erlaubt, ohne vorherige Freischaltung der Verwaltung, unkontrolliert nach DRAUSSEN zu telefonieren.

Was für ein Fortschritt, welch´grenzenloses Vertrauen…

Das heißt, vielleicht war der Anschluss kurzweilig besetzt!

Plötzlich wird die Türe aufgerissen und der Schatten der stellvertretenden Einrichtungsleitung erfüllt den Raum. Wie es ihm gelungen ist, so unbemerkt an das äußere Ende der Einrichtung zu gelangen, ist mir schleierhaft.

Ich vermute, es handelt sich um Urinstinkte unserer Vorfahren aus der Steinzeit.

Gelesen: Ur-Instinkte nicht Urin-Stinkte!

Aus der Zeit, als das Fortbestehen einer Familie nur gesichert war durch das geschickte Heranschleichen eines Jägers an seine Beute.

Dann: Ach, hier bist du!

Die Augen jagen suchend durch´s Zimmer - der Schreibtisch wird gescannt.

Dich habe ich gesucht, weil ich wissen wollte, ob du…

Pause.

Ich erwarte jetzt eine wichtige Frage.

Eine Frage, die nur Angesicht zu Angesicht zu klären ist - andernfalls steht ja ein funktionierendes Telefon zur Verfügung.

Amüsiert beobachte ich das Suchen der Augen nach der angekündigten Frage, welche wahrscheinlich erst in den nächsten Sekunden formuliert werden soll.

Gleichzeitig steigt in mir Groll hoch, ich spüre schlechte Laune, Ablehnung - in solchen Momenten wird das Eis meines Gegenübers dünn - denn ich verfüge nur über eine minderausgebildete Impulskontrolle.

Wenige Menschen sind spontan in der Lage, kluge Fragen zu formulieren, wenn ihre Intention eine andere ist.

…, ob du nicht in der Gruppe bist!

Jetzt ist es raus, die wichtigste Frage des Tages, weshalb dieser beschwerliche Weg in den Keller ans äußerste Ende der Einrichtung von einer ansonsten eher gemütlichen Person in Angriff genommen worden ist.

Verhaltenes Lächeln, hin und her Wackeln auf zwei kurzen Beinen, im Blick die Erkenntnis, oh, scheiße, sie weiß, dass ich nichts wirklich Wichtiges will, sie weiß, ich wollte sie der Untätigkeit überführen.

Ich bin grad untätig, weil ich von dem plötzlichen Aufreißen der Türe immer noch etwas erschrocken bin. Nicht, weil ich etwas zu verbergen habe, nein, ich habe konzentriert gearbeitet. Ich verschweige nicht, dass auch ich gedankliche und körperliche Auszeiten während meiner Arbeitszeit praktiziere, aber nicht dauerhaft und JETZT grad gar nicht.

Meine Reaktion ist jetzt von vielen Faktoren abhängig.

Hatte ich schon Kaffee?

Welcher Wochentag?

Freitags bin ich gelassener als montags - manchmal.

Bin ich ausgeschlafen?

Für gewöhnlich bin ich kommunikativ und halte gerne auch mal ein Pläuschchen über die arbeitsrelevanten Themen hinaus. Besonders mit unserer stellvertretenden Leitung, denn er verfügt, wie ich, über eine Art Humor unterster Kategorie. Grundsätzlich mag ich ihn, JETZT aber gar nicht. Ich denke, mein Blick spricht tausend Bände und der Ton meiner Stimme verrät meine innere Anspannung - ziemlich schnell kommt der erlösende Satz: Na ja, ich muss dann mal…!

Was auch immer er muss, Hauptsache er muss.

Gedankenwirrwarr

Jetzt habe ich ein Problem, ich weiß gar nicht so richtig, wo ich anfangen soll - in mir jagt ein Gedanke den nächsten, Gefühle überschlagen sich, blinkende Schlagwörter hinter meiner Stirn.
Ergotherapeuten.
Qualitätsmanagement.
Chefin.
Werkstatt.
Dummheit.
Inklusion.
…
Möööppp.
Möööppp.
Möööppp.

Achtung, Achtung, es droht ein innerer Kollaps.
Tondra, reiß dich zusammen, sortiere dich und leg los!
Doch eine Mindmap?

Ich brauche Ihnen nicht zu sagen, dass sich im Pflegewesen hauptsächlich Frauen den Rücken krumm buckeln, oder?
Wäre ich zynisch, würde ich jetzt sagen, das ist auch der Grund für schlechte Bezahlung, schlechte Bedingungen, ein hohes Maß an emotionaler Erpressung und und und…
ICH bin zynisch und ich sage genau das!
Klar werden jetzt sofort einige entsetzt die Augen aufreißen und schreien: Aber…
Ja, es gibt auch Männer - einige…

Wissen Sie was?

Das sind meistens die Männer, die in der freien Wirtschaft, mangels Einsatzbereitschaft und Kompetenz, die Loser einer Firma wären.

Viele von ihnen haben während ihres Zivildienstes - die Bundeswehr wollte sie auch nicht - festgestellt, dass sie sich hier weiter auf den Knochen von Frauen ausruhen können, und das tun sie - gerne und ausgiebig.

Diese Männer können dies nicht!

Jenes gelingt ihnen auch nicht so gut!

Aber was sie immer gerne und gut können, ist mit ihren wenigen Leistungen zu prahlen.

Diese Leistungen machen sie groß und größer, bäumen sich auf, stolzgeschwellte Brüste erfüllen den Raum, applausheischende Blicke jagen durch den Raum…

Und wehe, die gewünschte Reaktion bleibt aus!

Das Gejammer, diese verletzten Gefühle des wieder ins vierte Lebensjahr zurückgeworfenen kleinen Trotzkopfes braucht niemand.

Schon damals hat ihr Gehabe dazu geführt, dass liebevolle Mütter schützend ihre Arme um ihr Söhnchen gelegt haben und ihnen erzählt haben, wie grausam und ungerecht die Welt doch ist, anstatt sie mit der Wirklichkeit zu konfrontieren.

Menschen haben Schwächen.

Menschen machen Fehler.

An Schwächen kann man arbeiten - ebenso aus Fehlern lernen.

Aber es setzt ein minimales Maß an Bereitschaft voraus, sich anzustrengen und die eigenen Bedürfnisse in den Hintergrund zu stellen.

Temporär - nicht dauerhaft!!!

Liebe Mütter von Söhnen, keine Sorge!
Nehmen Sie Ihre Hand von Ihrem Mund, atmen Sie weiter,
entspannen Sie Ihre schreckgeweiteten Augen - Ihrem armen
Udo, Paul oder wie auch immer geht es gut - Sie bekommen Ihr
Lob - in fast jeder Frau schlummert ja der Mutterinstinkt.

Liebe Mütter von Töchtern, große Sorge!
Ihre Tochter hat nicht nur Ringe unter den Augen und
Rückenprobleme und macht einen derart ausgelaugten Eindruck,
weil sie sich im Bett rumsuhlt und von Fastfood ernährt - nein, sie
arbeitet wie ein Pferd und bekommt dafür nur wenig bis gar kein
Lob.
Ihr bleibt nach Feierabend leider nur der Griff zu Convenience
Food.
Damit das ganze System aufrecht erhalten bleiben kann, wurden
diese Lebensmittel speziell für berufstätige Frauen überhaupt
erschaffen.
Wikipedia schreibt, dass Convenience Food ein aus dem
englischen entlehnter Begriff für „bequemes Essen" ist. Damit
werden vorgefertigte Lebensmittel bezeichnet, bei denen der
Nahrungsmittelhersteller bestimmte Be- und Verarbeitungsstufen
übernimmt, um weitere Zubereitungen u.a. in Privathaushalten zu
erleichtern.
Gekocht werden muss selbstverständlich dennoch.
Und eingekauft natürlich auch.
Den Einkauf für die Familie erledigen Ihre Töchter nämlich mit
ihrem praktischen Kleinwagen auf dem Heimweg, bevor sie die

Kinder irgendwo einsammeln, danach Hausaufgaben, Erziehung und Haushalt erledigen.

Das Abendessen muss pünktlich auf dem Tisch stehen.

Denn der gestresste Partner kehrt in seinem Lieblingsauto zurück - schließlich ist das große, schnelle, teure Auto doch SEIN einziger Luxus und seine Belohnung dafür, dass er seine Familie so gut umsorgt.

ER verdient nämlich genug!

Mehr als er verdient!

ER muss gar nicht leistungsentsprechend honoriert werden.

ER bekommt für weniger Leistung das, was den Frauen für mehr Leistung abgezogen wird.

So geht die Rechnung doch auch auf - ist doch schön.

Und die Frauen bleiben schön in Abhängigkeit.

Die höhere Lebenserwartung der Frau ist ja auch der einzige Grund dafür, dass sich das mit der Witwenrente geändert hat.

Wenn Männer die höhere Lebenserwartung hätten, wäre dieses Gesetz so nie geändert worden.

Männer kämen doch mit ihrer eigenen Rente nicht weit.

Von welchem Geld sollten sie denn dann die Haushälterin und den Puff bezahlen.

Schließlich ist die Ehefrau ja weg.

Sie haben doch gar keine andere Chance - die Armen.

Zwei linke Hände im Haushalt und Opfer ihrer Triebe.

Aber schnell zurück zum Alltag.

Zum Erhalt seiner psychischen und physischen Gesundheit hat ER nach Feierabend einige seiner Bedürfnisse befriedigt - Sport, Freunde treffen, Multimedia auf den neuesten Stand bringen etc.

Vielleicht erledigt er diese Aufgabe auch nach dem Abendessen -

das kommt meist darauf an, welche Arbeiten noch nach dem Abendessen anfallen.

Herrscht Ruhe im Haus, legt er gerne die Füße auf dem Sofa hoch und lässt sich ein Bier reichen.

Ist Action angesagt und müssen noch Sachen erledigt werden, muss der Herr heute nach dem Essen dringend ins Fitnessstudio.

Es ist aber auch fatal mit seiner Plauze. Irgendwie bekommt er sie nicht weg.

Sollte seine Frau an dieser Stelle um seine Unterstützung bei den noch zu erledigenden Aufgaben bitten, wird er ihr vorwerfen, dass er ja nur eine so katastrophale Figur hat, weil sie nur über mittelmäßige Kochkünste verfügt und irgendwann mal in einer ihrer Frauenzeitschriften für Schwachbegabte gelesen hat, dass Fett ein Geschmacksträger ist.

Und nun verformt sie ihn seit Jahren damit.

Eigentlich steht er total auf Salat mit kalorienreduziertem Joghurt-Dressing und vielleicht noch ein Knäckebrot.

Mehr braucht er wirklich nicht zum Glücklich-Sein.

Aber nein - SIE muss ja immer Fleisch dazu haben.

Hier ein Sahnesößchen, da ein Steak und er - der Arme - muss es essen.

Was soll er denn machen?

Diese Situationen lassen sich auch sehr gut in Restaurants beobachten:

Sie bestellt sich das 400 g Rumpsteak mit Pfefferrahmsauce und Country-Potatoes - dazu 2-3 Weizenbiere!

Nach dem Essen lehnt sie sich zurück, streichelt versonnen und leicht debil blinzelnd ihre Wampe und wenn wir Glück haben, erspart sie uns einen kräftigen Rülpser.

Er hingegen sitzt genügsam und total glücklich grinsend vor einem Riesensalat und schlürft dazu genüsslich ein kleines Tafelwasser.
Er hat artig seine Weight-Watcher Punkte gezählt und weiß, dass er heute so sparsam gegessen hat, dass er sich heute Abend vor dem Ins-Bett-Huschen doch tatsächlich noch ein Stück Schokolade leisten kann.
Danach liest er an seinem Liebesroman weiter.

Mannomannomann.

Schließlich wird sie einsehen, wie Recht er doch wieder mal hat.
Voller schlechtem Gewissen und der Einsicht, dass sie auch nicht so klammern darf, wird sie ihm diese kleine - und dann auch noch seiner Gesundheit zuträglichen - Freizeitaktivität zugestehen.
Er soll doch auch was vom Leben haben und nicht nur arbeiten.
Und bitte Schatz, leg´ deine verschwitzten Sachen vor die Waschmaschine, lautet ihr letzter Satz, bevor sie den Esstisch abräumt und er schon mit einem flüchtigen „Bis später" aus der Tür verschwindet.
Später bekommt sie noch eine liebevolle SMS: Warte nicht auf mich, heute werd´ ich es mir richtig geben.
Er hat nämlich noch seinen Kumpel getroffen und nach einer Stunde Intensivtraining verspüren die Herren der Schöpfung noch ein kleines Hüngerchen und schreiten durch das „Goldene M" Portal um sich einige kalorienarme Häppchen zu gönnen.
Junge, war das salzig - jetzt ein helles Blondes!
So geht ein Abend wirklich schnell vorbei.
Die Tasche wird morgen früh in der Diele stehen!
Ach, der Arme war wahrscheinlich fix und fertig vom vierstündigen Training, denkt sie noch, während sie seine

stinkenden Trainingsklamotten in die Waschmaschine wirft - vor der Arbeit!

Aber bitte, liebe Frauen, seid nachsichtig, attraktiv, gepflegt, witzig-spritzig, anspruchslos, sexy, verständnisvoll, liebevoll und bitte, bitte keine Probleme thematisieren - er hält es nicht aus, er kann es nicht ertragen, er muss dann weglaufen.
Und bitte seid verständnisvoll, wenn ihn so tiefgreifende Probleme, Sportauspuff oder Alufelgen für sein Auto, zu Boden schmettern. Bestärkt ihn, indem ihr ihm sagt: „Ach Schatz, ich sehe wie du leidest, kauf´ dir einfach beides! Ich brauch´ die neue Waschmaschine nicht wirklich. Wenn ich vorher die Flecken stundenlang mit Gallseife behandele, geht´s auch so."
Mit strahlenden Augen wird er ihnen beteuern, was für eine tolle Frau er doch hat, und ihnen ganz uneigennützig neue Unterwäsche schenken.

Ja, ja, ja - es gibt auch andere Männer, es gibt tolle, fleißige, liebevolle - ganz sicher.
Es gibt auch vierblättrige Kleeblätter!

Ich werde auch ein Buch über die tollen Männer schreiben, das kann und will ich allerdings frühestens 2087 erledigen.
Vorher möchte ich mich den wirklich wichtigen und die breite Bevölkerung betreffenden Themen widmen - keinen Randgruppen!

Aber jetzt zurück zum eigentlichen Thema.

Wenn mich Menschen nach meinem Job fragen, kommt häufig die Reaktion: Ich bewundere dich, dass du das kannst, ich könnte das nicht.
HIIIIILFE - ICH kann das auch nicht mehr!!!

Mir drängt sich natürlich die Vermutung auf, dass ich nach diesem Buch arbeitslos sein werde - nun gut, einen Tod muss auch ich sterben.
Wie unsere Supervisorin mir es schon einmal mit auf den Weg gegeben hat: Wer in den Krieg zieht, muss damit rechnen, dass er darin umkommt.
Entsetzte Eltern, aufgebrachte Kollegen, Chefs, Ärzte, Ergotherapeuten werden mich hassen und sich fragen, wieso sie meine Unfähigkeit - die ihnen schon immer ein Dorn im Auge war - nicht schon vorher lautstark angeprangert haben.
Wenn es so läuft wie immer, werden sie es hinter vorgehaltener Hand tun - das wäre mein Glück!
Wenn nicht, werden sie mich zum Sündenbock deklarieren, sich mit posttraumatischen Belastungsstörungen - zugefügt durch meine Worte - zum Arzt schleppen und mich mit Unrat beschmeißen.
Aber wissen Sie, was mich heute schon mit Freude erfüllt?
Ganz tief drinnen, hinter all ihre Gutmensch-Fassade, hinter all ihrem Entsetzen werden sie etwas spüren, sie wissen, dass ich Recht habe, sie werden fühlen, wie ich ihnen aus der Seele spreche, wie sie sich wiederfinden, aber DAS werden sie niemals zugeben.
Denn ich werde der identifizierte Patient sein!

Eltern

Jetzt habe ich ein paar Tage nichts geschrieben - warum?
Ich kann doch nicht jeden Abend trinken.

Und ich denke immer über dieses Buch nach - über das, was ich
wie schreibe.

Ich möchte mich heute einem schwierigen Thema widmen.
Ein Thema, das mich auch in dieser Woche von meiner
eigentlichen Arbeit abgehalten hat, das mich wütend macht,
hilflos…

Eltern!

Jedem begegnen täglich Eltern oder Elternteile.
Jeder weiß, wie schwierig sich diese Begegnungen gestalten
können.
Denken wir an Schule: Lehrer schlagen die Hände über dem
Kopf zusammen über sie, brechen innerlich zusammen…
Die Eltern tun es andersrum genauso.
Spielplätze.
Sportplätze.
Einkaufszentren.
Vergnügungsparks.
Bushaltestellen.
Straßenverkehr.
Kinos.
McDonald´s.

Burger King.

Ikea.

Die Eltern können einen wahnsinnig machen.

Keine Sorge, ich weiß wovon ich spreche, ich bin Co-Mutter, Tante und Freundin von Menschen mit Kindern.

Bei unseren Kindern ist es selbstverständlich etwas anderes, sie sind wohlerzogen, sind intelligent, fleißig, verständnisvoll…

Ihnen wird WIRKLICH an vielen Stellen unrecht getan.

Von den Lehrern in der Schule.

Sie bekommen die 5 nur, weil der Lehrer nicht rechtzeitig die Arbeit angekündigt hat.

Außerdem hat der gar keine Ahnung.

Kann nicht mit Kindern umgehen.

Mag sie nicht.

Spielt nur seine Macht aus.

Hausaufgaben hat er gar nicht erwähnt, wirklich nicht.

Den Bus haben sie verpasst, weil sie noch Nachfragebedarf beim Lehrer hatten.

Von den Trainern beim Sport.

Der Trainer sieht ihr wahres Talent nicht, kann sie nicht leiden oder steht trotz völliger Ahnungslosigkeit auf dem Platz.

In seiner Freizeit.

Ehrenamtlich.

Flüchtet wahrscheinlich vor seiner eigenen Familie.

Von Freunden.

Von Familienangehörigen.

Wir sind natürlich ausgenommen - wir haben NIE Streit - leben total harmonisch in unserem trauten Heim.

Unsere Kinder achten und ehren uns - immer.

Sie räumen freiwillig auf.

Sie hinterlassen jeden Raum ordentlicher, als sie ihn betreten haben.

Erledigen Aufgaben prompt und ohne Murren und Knurren.

Sie hören Musik nur in Zimmerlautstärke oder über Kopfhörer.

Spitzenkinder!!!

Dank ihrer guten Gene und unserer Spitzenerziehung.

Und sollte mal etwas nicht so gut sein, dann ist das selbstverständlich auf die Gene des nicht anwesenden Vaters zurückzuführen oder auf dessen Familie.

Das Thema ist wirklich nicht einfach.

Ich rede jetzt von den Eltern, die uns bei der Arbeit fast täglich begegnen oder uns täglich beschäftigen.

Von den Eltern, deren Anspruchshaltung uns heute das Leben unnötig schwer macht .

Eltern, die nicht verstehen, dass ihre Kinder nun bei uns leben - bei uns, die festlegen, welche Regeln hier gelten - immer im Einklang mit dem Gesetz - meistens im Einklang mit den Ansprüchen der Heimaufsicht.

Glauben Sie mir, ich sehe das Schicksal dieser Eltern - ich sehe ihre Verzweiflung, ihre Sorge, ich weiß, dass sie Angst haben, dass es ihrem Kind nicht gut geht, dass die Betreuer nicht ausreichend auf ihre Bedürfnisse achten, dass ihren Kindern nicht genügend Liebe begegnet, dass sie nicht gehegt und gepflegt werden wie damals zu Hause - und das ist bei vielen schon 20 Jahre her.

Es ist eine Crux - auf der einen Seite sollen wir professionelle Distanz wahren - liest man immer wieder in der Fachliteratur von, ach so, abgeklärten, schlauen Theoretikern, auf der anderen Seite wird von uns erwartet, dass wir unser Privatleben unserem Job unterordnen.

Manchmal stehen einem die eigenen Ansprüche im Weg, die innere Zerrissenheit: ist es gut, was ich tue, reicht es, wo liegen meine Schwächen, wo liegen meine Grenzen und warum, wieso reizt mich gerade dieses Verhalten und und und.

Liebe Eltern, ich weiß, wenn sie das lesen, werden sie die Hände über dem Kopf zusammenschlagen und voller Inbrunst und mit all ihrer Liebe für ihr Kind schreien: Die Tondra, die spinnt.

Ich weiß, Sie hätten auch ein ähnliches Buch schreiben können und dann hätte die Sache ganz anders ausgesehen. Viele Menschen, besonders Eltern hätten sich wiedergefunden - Betreuer hätten die Hände über dem Kopf zusammengeschlagen und voller Inbrunst und mit all ihrer Liebe für sich selbst geschrien: Die XY, die spinnt.

So ist das nun mal mit der subjektiven Wahrnehmung.

Ich erhebe keinen Anspruch auf die absolute Wahrheit, es ist mein subjektives Empfinden, es ist meine Sicht, meine Wahrheit.

Bitte glauben Sie mir, Ihren Kindern geht es gut - wir begegnen ihnen mit Respekt und Achtung, aber wir streiten auch, wir versuchen immer noch zu erziehen, so dass es allen in einer Gruppe gut gehen kann - wie in einer Familie.

Es sitzen zehn Menschen zusammen und machen sich Gedanken über Ihre Kinder, tauschen sich aus, bei unterschiedlichen Ansichten wird auch gestritten, es wird nach Lösungen gesucht, wenn irgendwas grad nicht so gut läuft - und irgendwas läuft immer nicht so gut.

Klar machen wir Fehler, weil wir Dinge falsch einschätzen, klar
hat das asoziale Verhalten Ihres Kindes - ob nun extra oder nicht -
Konsequenzen.
Sicherlich treffen wir Entscheidungen, die Sie als lieblos
betrachten.
Ich fand in meiner Jugend die Entscheidungen meiner Eltern auch
manchmal lieblos.
So ist das mit den Grenzen, so ist das mit Gemeinschaft - es kann
nicht jeder seine individuellen Bedürfnisse einfach so ausleben.
Auch für Ihre Kinder gilt das.

Täglich begegnen wir uns, selbstverständlich entstehen
Beziehungen, gute wie weniger gute.
Jeder Betreuer hat seinen Liebling, jeder Betreuer hat jemanden,
mit dem er es nicht so gut kann.
DAS ist menschlich.
Während meiner ganzen Zeit hier habe ich es noch nicht erlebt,
dass ein Bewohner von niemandem gemocht wurde.
Es gab und gibt Menschen, die uns an den Rand des Wahnsinns
treiben - ja, die gibt es.
Menschen, deren Auffälligkeiten, deren eigene Problematik so
ausgeprägt ist, dass selbst die souveränsten, die abgeklärtesten, die
professionell distanzierten Betreuer mit Tränen in den Augen den
Dienst beginnen und völlig verzweifelt in den Feierabend kriechen.

Sicherlich rollen Sie grad mit ihren Augen und denken, dass ich
übertreibe und auf ihr Mitleid hoffe.
Ich übertreibe nicht!
Ich wünsche kein Mitleid!
Ich wünsche mir Mut für Veränderung!!

Es gibt tolle Eltern!
Es gibt normale Eltern!
Und es gibt ganz besondere Eltern - Eltern, die uns in den
Wahnsinn treiben.

Tolle Eltern lieben ihre Kinder, haben den Abnabelungsprozess
durchlebt, sehen ihre Kinder mit ihren Stärken und Schwächen,
reden mit ihnen ganz normal, dem Entwicklungsstand
entsprechend, treffen Absprachen mit uns, wenn es unsere Arbeit
betrifft, treffen Absprachen mit ihren Kindern, wenn es sie betrifft,
integrieren ihre Kinder in den Familien, achten ihre eigenen
Grenzen, würdigen unsere Arbeit, vertrauen unserer Arbeit und
freuen sich, dass es ihrem Kind gut bei uns geht.
Für sie steht ihr Kind an erster Stelle, sie gestehen ihm
Lebensfreude zu, eigene Entscheidungen werden gewünscht und
unterstützt.
Sie akzeptieren, dass ihr Kind trotz immer wieder auftretender
epileptischer Anfälle keinen Helm tragen möchte, dass es dann
auch noch Fahrrad fahren möchte, Inliner laufen…
Sie akzeptieren Liebesbeziehungen ihrer Kinder.
Akzeptieren die Partnerwahl.
Akzeptieren, dass ihr Kind trotz festgestellter Sehschwäche keine
Brille tragen möchte, weil das einfach „scheiße" aussieht. Sie
beharren dann nicht darauf, dass wir diese Aufgabe übernehmen
und dem Kind die Brille aufzwingen.
Akzeptieren konsequentes Verhalten unsererseits, wenn ihr Kind
auch mal Dinge tut, die für den Gruppenprozess oder für das
eigene Wohlergehen schädlich sind - ja, sie unterstützen sogar den
Prozess.

Bitte glauben Sie mir, auch diese Eltern lieben ihr Kind, es hat nichts damit zu tun, dass sie den Weg des geringsten Widerstandes gehen, sie behandeln ihre Kinder, wie Eltern ihre Kinder behandeln sollten - ob behindert oder nicht behindert.

Sie reden auch mit uns ganz normal - gestehen uns eine eigene Meinung zu, gestehen uns zu, dass wir eigene Regeln im Haus haben.

Diesen Eltern bin ich dankbar, denn durch sie kann ich mein Handeln reflektieren, in Frage stellen, verändern. Durch sie habe ich vieles gelernt.

Ein Gottes Geschenk!!!

Normale Eltern sind halt normal, mal so, mal so…

Haben Kontakt zu ihren Kindern, mal mehr, mal weniger…

Reden mit uns, mal mehr, mal weniger…

Beziehen uns mit ein, mal mehr, mal weniger…

Akzeptieren die Behinderung ihres Kindes und die damit u. U. verbundenen Schwierigkeiten, mal mehr, mal weniger…

Mit ihnen ist Kommunikation möglich, manchmal erfüllen wir ihnen ihre Wünsche im Umgang mit ihrem Kind und andersrum.

Angenehme Menschen halt!

Und jetzt kommen die Knaller-Eltern und ich wünschte, ich hätte mittlerweile einen Weg gefunden, ihnen nicht so viel Raum zu geben, denn sie sind Gott sei Dank in der Minderzahl.

Sie schaffen es, ganze Einrichtungen auf links zu drehen, Menschen in den Wahnsinn oder in die Suchterkrankung zu treiben, Menschen zu Amokläufen zu animieren, Systeme schlichtweg lahmzulegen.

Und immer wieder frage ich mich nach dem Warum!

Diesen Eltern kann man nichts recht machen, alles, was man macht, ist schlichtweg falsch, wir sehen ihre Kinder nicht wirklich, wir sind inkompetent, böse und gemein.

Ihr Kind ist toll, ist super erzogen, hat absolut keine Verhaltensauffälligkeiten und wenn, dann nur weil wir so inkompetent mit ihm umgehen und all das Gute systematisch zerstören.

Komischerweise sind ausgerechnet ihre Kinder die auffälligsten, die, die uns täglich die letzten Nerven rauben.

Ihnen gehört unsere umfassende Aufmerksamkeit, wir reden, wir handeln, suchen nach Lösungen, machen Angebote und auf der Strecke bleiben zum wiederholten Male die ruhigen unauffälligen Menschen.

Diese Eltern und ihre Kinder nähren meine Amygdala und zerstören mein ventrales tegmentales Areal und Nucleus accumbens. Ersteres ist für das Negative, wie Furcht und Angst, zuständig, das Zweite steht für Positives, Beglückendes und Lustvolles.

Hört sich toll an, oder?

Es ist toll, was die Menschheit heute alles weiß. Wie Gehirne aufgebaut sind, welcher Bereich für was zuständig ist.

Super Sache.

Hilft uns bei der Arbeit aber leider nur selten.

Und den Eltern auch nicht wirklich.

Und die schwierigen Eltern bleiben schwierig.

Wissen Sie, wie viel Zeit diese Eltern in Anspruch nehmen, wie viele Gespräche stattfinden und am Ende müssen sie wieder resigniert feststellen, dass alles nichts gebracht hat. Dann beginnen die Sätze wieder mit: „Ja, aber…!"

Manchmal haben sie keine Ahnung von der Behinderung ihres Kindes, manchmal keine von Tabletten und ganz besonders keine Ahnung von einem sozialen Umgang mit anderen Menschen.

Sie vergessen, dass wir Menschen sind, die ihnen auch auf der Straße begegnen können - wir sind freie Menschen und haben zwischendurch Feierabend.

Wir sind KEIN Eigentum der Einrichtung.

Ich mache das demnächst auch so.

Gehe in eine öffentliche Einrichtung und stelle einfach mal die Regeln um.

Beschließe neue Öffnungszeiten.

Ich komme erst kurz vor zwölf und erwarte eine Abwicklung meines Anliegens auch nach Feierabend - ich brauche dringend einen neuen Personalausweis.

Kann ich doch nichts dafür, dass der vor fünf Monaten abgelaufen ist.

Ich bestimme, wer mit mir reden darf und wer nicht.

Schnodder jeden erst mal an und fordere aber hinsichtlich des Umgangs mit mir absolute Unterwürfigkeit.

Bin total erschüttert, dass man mir den Besuch der Personaltoilette verwehrt, weil mir der Weg zur Kundentoilette etwas zu weit erscheint.

Mensch, jetzt stellen sie sich doch nicht so an!

ICH hab doch nichts untenrum an Krankheiten.

Also jetzt unterstellen Sie mir aber was.

Ich bin doch keine Schlampe.

Ja, was soll das denn, das ist ja wohl unverschämt.

Also wirklich - das muss ich mir doch von Ihnen, verkommenem Miststück, nicht gefallen lassen.

Ich möchte auf der Stelle ihren Vorgesetzten sprechen.

Ich werde mich immer mehr in Rage reden.

Von Verleumdung.

Von Anzeige.

Von Presse.

Sie wissen, was passiert.

Ich fliege raus.

Einfach so.

Personalausweis hin oder her.

Kennen Sie das Spiel „Die Sims"?

Lange Zeit bin auch ich durch dieses Spiel aus der Realität geflüchtet.

Hier kann man sich seine eigene heile Welt aufbauen, Sonnenschein Familien erschaffen, Karriere machen, Villen bauen - alles ist möglich.

Sollte einen dennoch mal etwas so deprimieren, dass man dringend einen Psychologen braucht, geht man einfach ans Telefon, ruft an, redet und redet bis der Akku wieder voll ist.

Ein niedergeschlagener Sims bringt nach so einem Gespräch mit einer uneinsichtigen Mutter (ja, redselige Väter gibt es seltener - falls sie überhaupt präsent sind) meine Stimmung dann ganz hervorragend zum Ausdruck - hängende Schultern, Kinn auf die Brust gesenkt, keine Körperspannung, in einem Riesensee aus Tränen stehend.

Nur noch ausgelaugt.

Letztens ging mir ein Licht auf - passiert selten, aber es passiert.

Diese Eltern sind nur deshalb so scheiße, weil sie genau wissen, wo die Verhaltensauffälligkeiten ihres Kindes sie selbst hingeführt haben.

Wie sie selbst gelitten haben, Schuldgefühle für ihr Handeln und Tun entwickelt haben, wie sehr ihre Liebe auf den Prüfstand gezerrt wurde - wie sie an verschiedenen Stellen, von Emotionen überwältigt, falsch gehandelt haben.

Man spürt ihre versteckten Aggressionen, man sieht es in ihren Augen, diese Verzweiflung, sie können gar nicht gut zu meinem Kind sein, ich war es auch nicht immer und ich liebe es immerhin - meistens!

Wenn wir zusammen arbeiten würden, könnten wir wahrscheinlich einiges bewegen.

Glauben diese Eltern eigentlich, wir arbeiten gerne mit Menschen, die uns schlagen, anspucken, rumbrüllen - dass wir tatsächlich täglich alles dafür tun, dass unser Arbeitstag der blanke Horror ist?

Aber diese Eltern bleiben dabei: Ihr Kind ist das geborene Lamm Gottes.

Sagt meine Mutter manchmal auch von mir - und ich gebe unumwunden zu, das ist nicht wahr.

Es gibt tatsächlich Lämmer in den Gruppen, aber rufen Sie sich in Erinnerung wie laut selbst Lämmer schreien können, wenn sie etwas möchten.

In jeder Gruppe - behindert oder nicht - gibt es ähnliche Charaktere:

Die Stillen, die Lauten, die Duldsamen, die Ungeduldigen, die Fleißigen, die Faulen und und und…

Das ist in Ordnung und es ist gut, es macht die Arbeit bunt, es fordert die Kreativität, aber manchmal wird´s zu bunt und dann wird eingegriffen - zum Schutz aller.

Wir fördern die Individualität des Einzelnen, wir fördern die Selbständigkeit und die Selbstbestimmung, sofern dadurch nicht die anderen Mitbewohner in Gefahr geraten oder leiden müssen.

40

So, wie es in vielen Familien auch funktioniert.

Die Eltern, die uns das Leben schwer machen, sehen uns wohl anders.

Wir denken nicht bei der Arbeit,
wir bereichern uns täglich am Schicksal ihrer Kinder,
wir arbeiten hier, weil es ein total lauer Job ist,
weil uns sonst niemand einstellen würde, weil wir so unendlich faul und träge sind.

Manchmal bin ich träge,
manchmal faul,
manchmal müde,
manchmal lasse ich die Dinge laufen, obwohl es angebracht wäre einzugreifen…

Ich liebe meine Arbeit mit den behinderten Menschen -
meistens…

Das Drumherum ist es, was mich wahnsinnig werden lässt - jeden Tag ein wenig mehr.
Und das ist der Grund, warum immer mehr Menschen in meinem Umfeld sagen oder denken: Die Tondra, die spinnt.

Ich erzähle Ihnen jetzt noch ein paar kleine Anekdötchen, damit Sie verstehen, warum mir diese Eltern das Leben schwer machen.

Eine ältere Mutter besucht unangemeldet ihr Kind.

Die Bewohnerin stürzt weinend und hinkend auf sie zu. Die alte Mutter stützt sie unter Aufwartung ihrer gesamten Kräfte bis zum Sofa. Dort lässt sich das Kind weinend nieder, die asthmakranke Mutter versucht erst mal wieder Luft zu bekommen und ist um den scheinbar lebensbedrohlichen Zustand ihres Kindes besorgt.

Durch die durchdringenden Wehlaute der Bewohnerin aufgeweckt, betreten wir den Raum und verschaffen uns einen Überblick. Wir versichern der Mutter, dass die Bewohnerin bis vor ein paar Minuten noch putzmunter war.

(Was natürlich eine unverschämte Behauptung unsererseits ist, denn wir lagen ja wie immer schlafend in der Küche).

Die Skepsis in den Augen der Mutter verrät uns ihre Gedanken. So verhält sich die Bewohnerin immer, wenn ihre Mutter auftaucht. Sie weint und hat irgendwo im Körper Schmerzen - schlimme Schmerzen, Schmerzen, die nicht auszuhalten sind.

Meistens erfolgt an dieser Stelle die Aufforderung, ihre Tochter doch bitte ärztlich vorzustellen.

Doch dann wird zur Tagesordnung zurückgekehrt - das Kind wird zur Toilette begleitet.

Ist ja normal!

Macht meine Mutter heute auch noch bei mir!

Ja, ja ich weiß, ich bin nicht behindert bla bla…

Zur Information: Die Bewohnerin suchte zu dieser Zeit die Toilette noch selbständig auf - Tag und Nacht - sie war weder harn- noch stuhlinkontinent.

Minuten später taucht die nach Luft schnappende Mutter mit hochrotem Kopf wutschnaubend wieder in der Gruppe auf. In der Hand hält sie die Unterhose ihrer Tochter und wedelt mit dieser vor dem Gesicht meines Kollegen rum. Sie zetert und kreischt über den miserabelen Pflegezustand ihrer Tochter.

Es ist egal, dass andere Bewohner im Raum sind!

Es ist egal, dass ihre Tochter verwirrt und leicht beschämt ist.

Seltsamerweise humpelt sie auch nicht mehr…!

Es ist egal, dass mein Kollege nicht auf getragene Unterwäsche steht!

All das ist egal, denn in der Unterhose befindet sich ein zarter brauner Streifen.

Oh, oh, werden manche denken, was für Zustände.

Was für ein Pflegenotstand!

Und bitte denken sie jetzt nicht, ich stehe auf braune Streifen in der Unterhose - weder stark ausgeprägt noch zart.

Unsere Bewohner werden 365 Tage im Jahr rund um die Uhr versorgt, sie duschen oder baden morgens, abends erfolgt die übliche Abendpflege mit Zähneputzen, Hände und Gesicht waschen und wenn erforderlich wird auch der Genitalbereich gewaschen.

Sollte es zwischendurch zu Missgeschicken kommen, werden sie selbstverständlich auch gepflegt - Gesicht, Hände, Genitalbereich und bei größeren Malheuren selbstverständlich der gesamte Körper.

Und damit Sie auch ein Bild davon erhalten, verrate ich Ihnen jetzt, dass manche manchmal 4, 5, 6 mal täglich duschen, weil sie immer noch ihrer analen Phase frönen. Sorry, ich kann und will ihnen diese Bilder nicht ersparen. Und weil unsere Bewohner sich frei in ihrem Zuhause bewegen können und nicht ständig von uns bewacht werden, reinigen und desinfizieren wir auch alles, was nach dieser Session berührt wurde - Bett, Wände, Türen, Fenster, Türgriffe, Fliesen, Tische, Stühle - einfach alles…

Ich behaupte hier mal ganz locker, unsere Bewohner sind reinlicher als viele andere Menschen, denen sie bei Aldi, Rewe, Lidl oder sonst wo begegnen und unter Umständen sogar die Hand geben oder gar dieselbe Toilette benutzen.

Zurück zum Drama!

Zum wiederholten Male wird versucht, die ältere Dame darüber aufzuklären, dass wir bemüht sind, die Selbständigkeit ihrer Tochter zu erhalten, und dass es kein wirkliches Problem gibt und dass wir ihre Tochter sofort wieder ordentlich herstellen werden.
Jetzt erfolgt allerdings die nächste Abreibung.
Was ihre Tochter wieder für unmögliche Kleidung trägt.
Diese Kleidung wurde typgerecht mit der Bewohnerin eingekauft, diese ist nämlich in der Lage, ihre Wünsche zu äußern und kundzutun. Natürlich sind manche Kleidungsstücke auch aufgrund ihrer Praktikabilität ausgesucht worden. Es ist uns wichtig, dass wir die Kleidung selbst waschen können und nicht in die Reinigung bringen müssen - zum Beispiel!
Schuhe werden sicherlich nach Schönheit und Kombinierbarkeit mit vorhandener Kleidung ausgewählt, aber auch nach Sicherheitsaspekten.
Aber nein, die Mutter wünscht ein Outfit, das ihrem Typ und ihren Vorstellungen entspricht - Trachtenblüschen mit passendem Rock und Blazer und leichten Schläppchen - hat sie alles zusammengestellt - ganz toll…
Die Bewohnerin sucht sich morgens alleine ihre Kleidung, die sie tragen möchte, aus und kleidet sich alleine an - das ist nicht immer wetterentsprechend, die Farben harmonieren auch nicht immer, aber egal, sie fühlt sich wohl.

Wenn wir das Haus verlassen, gestehe ich, dass wir manchmal etwas eingreifen.

In all den Jahren habe ich noch nicht einmal erlebt, dass sie sich eins der schicken Outfits ihrer Mutter angezogen hat - nicht ein einziges Mal.

Aber das zählt nicht, das ist sowas von schnurz-piep-egal!

Das Kind wird den Ansprüchen der Mutter entsprechend angezogen und die zwei ziehen los - sie machen einen Spaziergang zum nahegelegenen Friedhof, auf dem sich das Grab des Vaters befindet.

Laut Aussagen der Mutter schläft er hier, nein, er ist nicht tot, er schläft.

Dass ihre Tochter lange Zeit nach seinem Ableben starke Schlafschwierigkeiten hatte, steht mit dieser Aussage in keinem Zusammenhang.

Und jetzt kommt es - und bitte, das ist „der Wahrheit", wie Bruce Darnell sagen würde - als die zwei bei ihrer Rückkehr den leicht abschüssigen gepflasterten Gartenweg entlang marschiert kommen, gerät die Bewohnerin mit ihren süßen Schläppchen, in denen sie keinen Halt hat, ins Straucheln und stürzt. Fast reißt sie ihre Mutter mit zu Boden - Endergebnis - aufgeschlagene Knie, offene Hände, blutige Lippe und eine verwirrte Bewohnerin, die weder schreit noch weint.

Grotesker geht es nicht !!!!!

Andere Mutter, anderes Kind - gleicher Ort.

Diese Mutter besucht ihren übergewichtigen, im Rollstuhl sitzenden Sohn regelmäßig in der Wohngruppe zu festen Terminen.

Sie bringt ihrem Sohn immer ein PAAR Schmankerl mit - das ist absolut in Ordnung.

Ich möchte erwachsenen Menschen keine Vorschriften machen, was ihren Umgang mit ihren Kindern angeht.

Ich möchte auch keine Grundsatzdiskussionen darüber führen, was Liebe ist.

Es ist sogar für mich verständlich, dass diese Eltern ihre Kinder über das normale Maß hinaus „vollstopfen", denn leider bietet die Nahrung häufig den einzigen Zugang zu ihren Kindern.

Und leider sind die meisten Kinder auch nur in dieser „Fütterungsphase" zugewandt.

Ich verstehe diese über 70 Jahre alten Eltern, die eigentlich keine Kraft mehr für diese versorgenden Besuche haben. Die eigentlich in dem Alter sind, in dem ihre Kinder zu ihnen kommen und sie versorgen und verwöhnen müssten - bestenfalls.

Ich verstehe die besorgten Eltern, die sich mit der Frage quälen, was wird aus meinem Kind, wenn ich mal nicht mehr bin.

Wer passt auf ihr Kind auf?

Geschwisterkinder sehen wir selten und selbst das verstehe ich.

So sehr das manche Eltern auch schmerzt.

Einige Mütter wünschen sich den vorzeitigen Tod ihres Sohnes - also dass er vor ihnen geht.

Als ich das das erste Mal hörte, war ich schockiert.

Keine Mutter wünscht sich das!

Heute kann ich auch das verstehen.

Wobei mir während des Schreibens klar wird, dass das bisher nur Mütter mit Söhnen gesagt haben - ich werde jetzt aber nicht auf seltsame Mutter - Sohn Verbindungen eingehen.

Zurück zum Besuch!

Die Mutter zieht sich mit ihrem Sohn in sein Zimmer zurück.
In der letzten Zeit hat diese Mutter den Betreuern mehrfach
nahegelegt, doch bitte besser auf das Gewicht ihres Sohnes zu
achten, denn es wäre unschön, wenn er immer dicker würde.
Dem ist nichts entgegenzusetzen - gerne unterstützen wir das zum
Wohle unseres Bewohners.
Ich suche also das Zimmer auf und klopfe an.
Nach ein wenig Rascheln hier und Kruschteln dort öffnet die
Mutter die Tür.
Ich betrete eine Pommesbude - dem Geruch nach zu urteilen.
Eben noch in der Wohngruppe und schwupps, wie von
Geisterhand, lande ich in einer Pommesbude.
Ich registriere, kommentiere allerdings nicht.
Nach ein paar Minuten des Small-Talks komme ich auf ihren
Wunsch zu sprechen.
Mit weit aufgerissenen, feuchten Augen schaut sie mich an und
erklärt mir herzerweichend ihren großen
Gewichtsreduktionswunsch bei ihrem Sohn.
Sie möchte doch so gerne, dass er wieder ans Laufen kommt.
Grandioses Schauspiel!
Auf jeder Theaterbühne hätte sie Erfolge feiern können!
Ich erläutere ihr den Speiseplan ihres Sohnes - morgens zwei
halbe Brötchen oder eine Scheibe Brot mit Belag, dazu Wasser mit
einer klitzekleinen Information von Saft - er hasst Wasser.
Manchmal gelüstet ihm nach Kaffee - manchmal nach Müsli -
auch das bekommt er.
Nicht zusätzlich, sondern anstelle!

Mittags eine ausreichende Portion des gelieferten Mittagessens, sofern er dies mag.

Er mag keine Kartoffeln - dafür erhält er mehr Gemüse.

Er mag keinen Kartoffelpüree mit Spinat und Rührei - dafür erhält er Brote mit gewünschtem Belag und Obst oder Joghurt.

Nachmittags gibt es Kekse, Obst oder Joghurt und am Sonntag Kuchen.

Abends wieder nach Speiseplan - es gibt belegte Brote, alle zwei Tage Salat mit unterschiedlichen Dressings und unterschiedlichen Highlights - mal Thunfisch, mal Ei, mal Käse, mal Oliven und dann gibt es regelmäßig besondere Gerichte, Aufläufe, Süßspeisen, gefüllte Gurken mit Knoblauch-Frischkäse, gefüllte Eier, Toast Hawai etc.

Ich finde das Essen in unserer Einrichtung wirklich toll - natürlich bemängele ich auch manchmal etwas.

Ich wäre nicht ich, würde ich das nicht tun…

Aber grundsätzlich glaube ich, dass wenige Haushalte einen derart ausgewogenen und wechselnden Speiseplan von dieser Qualität haben.

Also, all das erkläre ich der Mutter, ich erkläre ihr auch, dass wir an wenig Stellen Kalorien sparen können, ohne ihren Sohn hungern zu lassen.

Nein, nein, dass sieht sie ja auch so und eigentlich war ihr Sohn ja schon immer übergewichtig und jetzt kommt die Überraschung.

Mit grundehrlicher Miene und dem oben beschriebenen Augenausdruck versichert sie mir, dass er ja von ihr NUR Obst bekommt - dabei reisst sie ihre Tasche auf und präsentiert mir zwei Schälchen mit Obst - Himbeeren und Heidelbeeren - im Dezember! Und natürlich Schorle oder Molke!

Ihr Sohn beobachtet angespannt die Situation - er weiß, dass seine Mutter lügt, er weiß auch, dass ich das weiß, und er wird uns allen später stolz von seinen lukullischen Genüssen erzählen.

Er wird mir auch von der Cola und der Schokolade in seinem Schrank erzählen und von den Schokoküssen und den Chips, die er zwischendurch gegessen hat.

Jetzt muss es mir gelingen, die Situation nicht eskalieren zu lassen.

Ich versuche freundlich und verständnisvoll zu reagieren und ihr dieses Verwöhnen ihres Sohnes zuzugestehen, aber bitte sie, im Sinne ihres Sohnes, ehrlich zu bleiben.

Nein, wirklich Frau Tondra, wirklich, ich will doch nur das Beste und dass mein Sohn lange gesund bleibt.

Ich erwähnte ja bereits den Pommesbudengeruch.

Neben dem Kopfkissen ihres Sohnes erblicke ich eine Tube Senf - lieber Herr Lafer, Lichter, Schubert, oder wie auch immer die Spitzenköche heißen, die in den letzten Jahren Schwung in Deutschlands Küchen gebracht haben, vergessen Sie nicht den Senf auf den Himbeeren und Heidelbeeren!

Ich muss an dieser Stelle das Zimmer verlassen, denn entweder breche ich jetzt schallend lachend auf dem Boden zusammen oder ich schreie, schreie, schreie und werde niemals wieder aufhören.

Sicherlich, Sie können diese Situation als harmlos empfinden - NUR diese Situation wäre es auch, aber wie ist das mit der Summe aller Teile und dem Ganzen?

Ach, vielleicht sollte ich noch erwähnen, dass es ihr gelingt, all diese Dinge in 15 bis 20 Minuten in ihren Sohn zu stopfen, denn um 15 Uhr gibt es ja das gemeinsame Kaffeetrinken - an dem soll ihr Sohn natürlich teilhaben, er soll ja nicht verzichten müssen…!!!!

Puh, wissen Sie, während ich so schreibe, merke ich, wie sehr ich mich „verarscht" von dieser Frau fühle und wie gerne ich ihr das ins Gesicht schreien würde.
Nicht, weil sie ihren Sohn verwöhnen möchte - so sind Mütter wohl meistens - nein, weil sie lügt und weiß, dass ich das weiß, dass wir alle es wissen.
Sie verarscht uns, heuchelt Zusammenarbeit vor und leidet, wie sie offensichtlich ihr ganzes Leben gelitten hat.

Ich möchte einfach so sein, wie manche Eltern zu uns sind: unverfroren, unverschämt, demütigend, lügend, schuldzuweisend, die gesamte Person abqualifizierend - ich möchte nicht sozialarbeiterisch handelnd dort stehen.
In mir schreit es danach, sie fertig zu machen, ohne ein Quentchen Verständnis - so, wie in den Talk-Shows - so richtig unterste Schiene.
Und ich möchte keine Scham dabei empfinden!

Wenn ich so an diese Eltern denke, fällt mir ein einst gelesener Satz von Sigmund Freud ein:

> *Die Absicht, dass der Mensch glücklich sei,*
> *ist im Plan der Schöpfung nicht vorgesehen.*

Das wird wohl hier mehr als bestätigt!

Glauben Sie nicht, dass mich nur die Eltern unserer Bewohner aufregen.

Eine Zeitlang musste ich morgens auf dem Weg zur Arbeit an einer Grundschule vorbei.

Und ich sage Ihnen, vermeiden sie diese Aktion zu Schulbeginn, wenn es irgendwie möglich ist.

Die aus allen Himmelsrichtungen heranströmenden Mütter in ihren Kleinwagen setzen alle Verkehrsregeln außer Kraft.

Verstopfen Straßen und beschwören den Ausnahmezustand herauf.

Sie reden auf ihre am Handy spielenden Kinder ein, beschwören sie, endlich aus dem Auto zu kommen.

Sie sehen Hinterteile, die Sie nicht sehen wollen, aus dem Fond ragen, während die Mutter ihr schulmüdes Zweitklässler-Kind aus dem Auto zerrt.

Die aus den Fahrzeugen herausspringenden Kinder versetzen Sie als herannahende Fahrerin schon früh morgens in einen schockähnlichen Zustand, wenn diese unvermittelt vor ihrem Auto auftauchen.

Aussteigen Richtung Bürgersteig ist wohl nicht mehr so hip und den Vogel bekomme ich gezeigt, wenn ich dann meine Hupe als Signalfunktion einsetze. Meistens von Mutter und Kind.

Ich unverschämtes Schwein, was mache ich auch morgens auf dieser Straße - sie gehört den Kindern.

Ich kann doch wohl einen anderen Weg nehmen oder mich in Geduld üben.

Autos parken kreuz und quer, Fahrertüren stehen sperrangelweit auf, weil der Kleine noch was vergessen hat und die gute Mama mal EBEN hinterher rennt.

Toooorben, Sööööören, Häschen, nu warte doch mal, deine Rohkosthappen hast du vergessen.

Torben, Sören oder Häschen geht aber einfach weiter, denn er weiß, die liebe Mama wird schon kommen. Wenn sie ihn dann endlich erreicht hat, wird er sich, peinlichst berührt von ihrem Auftreten, abwenden und sie ignorieren. Lächelnd und verständnisvoll reicht sie ihm die Frühstücksdose und sie schwebt zufrieden zu ihrem Auto zurück.

Sie ist zufrieden, sie hat ihr Kind wohlbehalten zur Schule gefahren.

1500 Meter sind auch unzumutbar für viele Kinder.

Besonders für die übergewichtigen.

Wenn ich Glück habe, kann ich eine kleine Lücke des Gegenverkehrs nutzen, um noch pünktlich bei der Arbeit zu erscheinen. Wenn nicht, sitze ich wutschnaubend in meinem Auto und harre der Dinge, die da kommen.

Bitte lieber Gott, lass jetzt keine Lehrerin auftauchen.

Dann hat die gute Mutter bestimmt noch Redebedarf, egal was, irgendetwas wird ihr einfallen und wenn es das beschissene Wetter ist. Lehrerinnen scheinen eine magische Anziehungskraft auf Mütter auszuüben.

Dann verwandeln sich einige der gestressten, vorher noch zeternden Mütter urplötzlich in einen anderen Menschen, sind freundlich, entspannt, tolerant und wirken total relaxt. Die Stimme wird zwei Oktaven angehoben, sie zwitschern debil lächelnd irgendetwas total Unnötiges und drehen dabei versonnen ihre Haare um den Zeigefinger.

Regression?

Oder wollen sie gut Wetter machen für ihr verhaltensauffälliges Kind? Ihr unschuldiger Blick soll wohl darauf hinweisen: An mir liegt es wirklich nicht!

Na ja, mein Gebet wurde erhört, keine Lehrerin in Sicht und sie schreitet weiter zu ihrem Auto.

Ach, hupps, Autotür vergessen, sie nickt mir um Verständnis heischend zu.

Kann ja mal passieren.

ICH habe um die Uhrzeit kein Verständnis!

Baby, nicht nur dass du deine Karre ins absolute Halteverbot stellst, nein, du lässt auch noch die Tür offen.

Ich könnte kreischen vor Glück.

Jetzt, etwas zu sagen, macht erstens keinen Sinn und ist zweitens lebensbedrohlich. Sie hat zu viele Mitstreiterinnen, die sich alle unterstützend vor sie schmeißen, mich beschimpfen und mit Unrat beschmeißen würden.

Nein, heute halte ich meinen Mund.

Sie steigt ein und ich presche aufgebracht los, vergesse allerdings in diesem Zustand, dass ich mich in einer 30er Zone befinde und hinter der Ampel häufig geblitzt wird.

Prompt passiert´s: Ich werde geblitzt, halleluja, der Tag kann beginnen.

Ist auch sehr verständlich, dass HINTER der Ampel geblitzt wird, woll.

Bei Ihrer Weiterfahrt werden Ihnen auch noch einige Mütter, die zu Fuß mit ihren Kindern unterwegs sind, begegnen. Eins haben fast alle Mütter gemeinsam, sie tragen mindestens den Tornister. Ich frage mich dann manchmal, wie wir so wohlbehalten zur Schule gekommen sind, obwohl wir morgens ohne Reflektoren bespickt eine viel befahrene Straße überqueren mussten.

Auch wir hatten Bücher in unseren Ranzen. Zumindest einige, ich erinnere mich an eine Klassenkameradin, die morgens ihre

„Tonne" öffnete und der gesamte Inhalt bestand wirklich nur aus Schminkmaterialien - Grundschule wohlgemerkt.

Ich spüre noch das Gefühl beim Laufen in den Beinen und im Rücken, wenn wir mal wieder etwas spät dran waren, um den Bus zu bekommen und dieser elendige Tornister einen dabei nach hinten gezogen hat.

Nur mit Buckel kam man gut voran.

Auf der Grundschule ist dieses Behüten ja vielleicht noch verständlich, aber die Diskussion hört ja auf der weiterführenden Schule auch nicht unbedingt auf.

Lange Zeit wurden die Kinder unseres „Dorfes" morgens und mittags immer kostenlos mit einem Schulbus zur Realschule und zurück gefahren.

Im letzten Jahr mussten die Familien dann pro Schuljahr eine Zuzahlung in Höhe von €220,— pro Kind entrichten.

Eine Menge Geld, keine Frage, aber so ist das halt.

Zu Anfang wurden €440,— pro Kind eingefordert, was aber aufgrund des tollen Engagements einiger motivierter Eltern auf €220,— verringert wurde.

Euch allen noch mal Danke dafür.

Für uns gab es nur die Möglichkeit mit dem Schulbus, ansonsten hätten wir unsere Kinder um 6 Uhr hinbringen müssen und um ca. 15.30 abholen können.

Das Taxi wäre teurer und zu Fuß in diesem Fall tatsächlich unzumutbar.

Wir hatten es zwar für unsere Kinder kurzfristig in Erwägung gezogen, allerdings sind 16 Kilometer morgens und mittags doch etwas viel.

Nun gut, Dank der Bemühungen der Schule, sollte sich das nun für das nächste Schuljahr ändern.

Die Kinder fahren mit den öffentlichen Verkehrsmitteln, können ihre Fahrkarte aber auch außerhalb der Schulzeiten nutzen und in den Ferien, außerdem ist das Verkehrsnetz, in dem sie sich bewegen können, sehr groß. Kostenpunkt für das erste Kind €12,— und für's zweite €6,— monatlich, ab dem dritten Kind kostenlos. Also alles in allem eine gute und kostengünstigere Lösung mit mehr Freiheit für die Kinder. Zahlte man in dem einen Jahr €440,— für zwei Kinder , so sind es jetzt nur noch €216,— jährlich.

Zur Aufklärung und Beantwortung persönlicher Fragen veranstaltete der hiesige Verkehrsbetreiber in Zusammenarbeit mit der Schule einen Informationsabend.

Leute, Leute.

Weiterführende Schule!

Ich war schockiert, was manchen Eltern in den Sinn kommt.

Also, zwei Männer, ausgestattet mit Laptop, Beamer usw., erläutern die Fahrpläne. Legen ihre Bemühungen offen, erklären, an welcher Stelle es Schwierigkeiten gab, dass mit der Schule über eine eventuelle Änderung der morgendlichen Anfangszeit gesprochen wurde. Sehr ausführlich. Natürlich gibt es einige, die sich nicht daran halten können, dass Fragen erst nach Erläuterung aller Fakten gestellt werden sollen. Sie schleudern ihre Fragen einfach in den Raum und unterbrechen damit den Fluss der Veranstaltung. Wenn man zuhört, erübrigen sich viele dieser Fragen.

Die Leute sind fertig und jetzt entfacht ein Sturm von persönlichen Entrüstungen. Wartezeiten von 39 Minuten auf den Bus, Abfahrt morgens 6.20 Uhr geht ja gar nicht.

Wie sind die Kinder auf dem Schulweg versichert?

Was gilt genau als Schulweg?

Oh, Gott, die Kinder müssen schätzungsweise 700 Meter bis zur Haltestelle zu Fuß gehen. An dieser Stelle gibt es 3 verschiedene Bushaltestellen, wie sollen die Kinder das managen?

Wie kommen die Kinder unversehrt über die Straße?

Wer bestellt wann und wie den Taxibus?

Mein Kind muss eine unbeleuchtete Straße entlang laufen, was kann ich dagegen tun?

Was passiert, wenn mein Kind den Bus verpasst?

Können Sie die Fahrtzeiten nicht ändern?

Die Schulleitung schaltet sich ein und ich bewundere sie für ihre Ruhe. Die Schule wird ein Bustraining durchführen und eventuell Pausenzeiten verlängern, damit die Wartezeit nach Schulschluss nicht so lange ist. Ja, damit sind einige aber auch nicht einverstanden, wann bitte soll ihr strebsames Kind denn seine geliebten Hausaufgaben erledigen.

Hallo Leute, wir reden von mindestens 10 jährigen Kindern - die können das.

Bin ich eine Raben-Co-Mutter? Ich erkundige mich bei meiner Freundin nach ihrer Meinung, sie sieht es ähnlich wie ich, also zwei Rabenmütter.

Gönnt doch euren Kindern die Freiheit, ihr überwacht sie doch schon genug, indem ihr ihnen schon mit sechs Jahren ein Handy gekauft habt.

Sie werden die Wartezeit für sich persönlich sinnvoll nutzen, vielleicht entspricht es nicht eurer Sinnhaftigkeit, aber sie werden die Zeit rumkriegen.

Ja, vielleicht steigen sie mal in den falschen Bus, aber sie werden nicht verschwinden - sie haben ein Handy.

Sie sind in der Lage, eine Straße zu überqueren und wenn nicht, dann habt IHR wohl etwas verpasst.

Sie werden ihre Hausaufgaben noch genauso erledigen wie bisher, morgens vor der Schule.

Ein Bustrainung - ich breche innerlich zusammen.

Was kann ich mir darunter vorstellen?

Unsere Tochter klärt uns darüber auf. Es handelt sich um ein Training, in dem Kindern beigebracht wird, wie viel Abstand sie zur Bordsteinkante halten müssen, wenn der Bus herangefahren kommt, wie man ein und aussteigt, wie und wem man seine Busfahrkarte zeigt, wie man sich im Bus verhält.

Also ernsthaft, ich würde mich als Lehrer schämen, wenn ich dieses Training mit über 10 Jährigen durchführen müsste. Ich würde mir die Frage stellen, ob meine Schüler und Schülerinnen mich noch ernst nehmen würden und wenn ja, warum sie das noch tun.

Liebe Eltern, es ist doch eure Aufgabe Kindern das Busfahren beizubringen. Setzt euch in den Bus und fahrt mit ihnen, dann lernt ihr auch noch was dazu. Also ich würde etwas dazulernen, ich bin seit 30 Jahren überzeugte Autofahrerin. Ich bin in der Lage zu sprechen und zu lesen, damit hab´ ich schon mal die halbe Miete. Unsere Kinder können das auch, also Fall erledigt.

Anfangszeiten verändern?Also unseren Kindern wäre 9 Uhr ganz recht, ach, Ihrem nicht, na, vielleicht könnte die Schule Gleitzeit für die Kids einführen. Beginn zwischen 7.30 Uhr und 11 Uhr und dann dementsprechend nach hinten offen. Ach, Lehrer sind davon betroffen und haben eventuell auch noch andere Termine. Es gibt einen Lehrermangel? Wo? Lehrer haben auch Familie? Selber schuld.

Also ich möchte mich jetzt auch gerne mal melden und um Hilfe bitten.

Bei uns geht das gar nicht.

Also, meine Freundin braucht ca. 30 Minuten morgens, ich muss mit 10 Minuten zurechtkommen.

Unser Sohn braucht 12,5 Minuten morgens im Bad. Unsere Tochter 21,5 Minuten.

Ja, habe ich gestoppt, verwundert?

Alles in eine Exceltabelle eingefügt. Ist eine unlösbare Aufgabe für uns. Bitte, bitte helfen Sie uns.

Unsere Tochter soll jetzt 10 Minuten eher das Haus verlassen, das bedeutet 10 Minuten früher aufstehen, das wiederum bedeutet abends 10 Minuten früher zu Bett, das bedeutet, dass Sendung xy nicht zu Ende geschaut werden kann. Geht nicht.

Punkt.

Was würden die Menschen um mich herum wohl tun, wenn ich diese Frage stellen würde?

Wem traut ihr eigentlich so wenig zu, euch oder euren Kindern?

Unsere Tochter wird das meistern, vielleicht hat sie anfänglich etwas Angst, vielleicht misslingt einiges, aber zu guter Letzt wird sie es schaffen und wieder ein Stück erfahrener und selbständiger sein, ihr Selbstbewusstsein wird gestärkt werden und sie wird stolz auf sich sein.

Tolle Erfahrung für unsere Tochter, einen Schritt weiter in die Unabhängigkeit.

Ergotherapeutinnen

Nun komme ich zu einer ganz besonderen Spezies Mensch -
Ergotherapeutinnen.

Puh.

Ergotherapeutinnen.

Es ist ja bekannt - und das nicht nur im sozialen Bereich - treffen
unterschiedliche Berufsgruppen aufeinander, kommt es häufig zu
Kompetenzgerangel.

Und der Spruch aus meiner „Handlangerzeit" im väterlichen
Malerbetrieb ist mir noch sehr präsent: Ein schlechter Maler ist
immer noch ein guter Elektriker!

Der Elektriker ist natürlich durch jeden anderen Handwerksberuf
zu ersetzen!

Ergotherapeutinnen haben einen anderen Anspruch und einen
anderen Auftrag - keine Frage! Es entsteht schnell Neid bei den
Menschen, die an der „Front plockern" - sie würden ihren Job
auch gerne in dieser Ruhe und mit dieser Gelassenheit erledigen.
Viele dieser 1:1 Einheiten kommen den Klienten zu Gute und
erzielen Erfolge. Mit einigen kann man auch gut zusammen
arbeiten und es macht Spaß voneinander zu lernen. Diese
Menschen achten den Weg-der-kleinen-Schritte und der Klient ist
der wichtigste im gesamten Prozess. Diese Ergotherapeutinnen
reflektieren ihre Arbeit regelmäßig und wenn Erfolge ausbleiben,
liegt es nicht immer am Klienten, sondern auch Mal an der
eigenen Herangehensweise.

Aber die sind es ja auch nicht, die mich zu Weißglut bringen.
Nein, es sind die, die an einer Art Ich-rede-mich-schön-in-meiner-

Arbeit-Syndrom leiden, von der man aber leider nur sehr wenig mitbekommt.

Ich rede von Ergotherapeutinnen - die alles können, alles wissen, Therapieeinheiten von großer Bedeutung ausführen - theoretisch. Und eine schlechte Ergotherapeutin ist immer noch eine gute Sozialarbeiterin, Einrichtungsleitung, Psychologin, Neurologin, ach, eigentlich alle medizinischen Bereiche können von ihr besser abgedeckt werden als von sogenannten Fachärzten und wahrscheinlich sind sie auch die besseren Maler- und Lackiererinnen und damit ja logischerweise besser als alle Handwerker.

Diese Berufssparte deckt den wichtigsten und lebensnotwendigsten Bereich eines jeden Bewohners ab.

Auf dem Papier - denn in den Gruppen sieht man diese Art von Ergotherapeutin nur sehr sporadisch.

Ein Austausch mit so minderbemittelten und an der Oberfläche hantierenden Menschen wie uns wird nur selten praktiziert!

Ist auch nicht möglich - unseretwegen!!!

Ergotherapeutinnen sind wichtig, wichtiger - am wichtigsten!!!

Ich versetze mich jetzt wohlwollend und emphatisch in die Rolle einer Ergotherapeutin und erzähle ihren Tagesablauf.

Eine Ergotherapeutin beginnt ihren Tag.

Hingebungsvoll plant sie minutiös den heutigen Ablauf.

Ressourcen werden abgerufen, ihr Handeln reflektiert.

Es ist anstrengend zu entscheiden, wem heute das große Los zufällt, in die gnadenvollen und rettenden Hände der Ergotherapeutin zu fallen.

Wenn man sein ganzes Leben lang die armen Seelen rettet, macht das Stress!

Verständlicherweise.

Sie nimmt den steinigen und schweren Weg in die Wohngruppe auf sich.

Dafür braucht sie Kraft.

Wie immer laut und unstrukturiert.

Unqualifizierte Äußerungen der Betreuer geben sich die Hand.

Unfreundliche Atmosphäre.

Aber sie bleibt freundlich, lächelt grüßend in alle Richtungen.

Wissbegierig liest sie das Übergabebuch.

Fragen hat sie selten!

WEN sollte sie auch fragen!

WER sollte ihr antworten können!

Leichter Ärger steigt in ihr hoch, wenn sie sieht, wie eine arme Bewohnerin hier ausgebeutet wird und die Arbeit der faulen und nichtsnützigen Betreuer übernimmt - die Arme, völlig ausgelaugt und überfordert.

Sie MUSS das unbedingt mit ihren Kolleginnen thematisieren - dringend zum Schutz der Bewohnerin.

Zielstrebig wendet sie sich jetzt der Auserkorenen, der zu Rettenden zu und führt diese in die heiligen Hallen der Ergotherapie.

Die sorgfältig geplante Einheit wird termingerecht und kompetent durchgeführt.

Die Ergotherapeutin spürt, wie ihre umfassende Aufgabe ihr die Kräfte raubt - IHR Job ist wirklich anstrengend. Sie weiß am Ende eines Arbeitstages ,was sie getan hat und wie wichtig all dies für die armen Behinderten ist.

Und dass es sonst auch niemand machen würde.

Sie weiß um ihre Erfolge der letzten Jahrzehnte - die mannigfachen - die großen - die einzigartigen.

Ach, wie gut, dass es sie gibt.

Das denkt sie bei jedem Abschluss einer Einheit.

Zufrieden mit sich und der Welt geleitet sie die Auserkorene jetzt wieder zurück in die Höhle der Löwen.

Ach wie schön, wenn man sieht, wie dieses kleine Pflänzchen, in dieser kurzen Zeit der Hinwendung, aufgeblüht ist.

Mein armes Kind, ich muss dich jetzt zurückgeben, bewahre dir diese Erinnerung und nimm sie als Kraftfeld, um die schweren Tage ohne mich durchzustehen.

Sieh immer das Licht am Ende des Tunnels.

Dort warte ich auf dich und empfange dich mit offenen Armen und offenem Herzen.

Amen!

Die nächste Einheit, der nächste Hilfsbedürftige wartet schon.

Dass ich mir aber auch immer die schweren Fälle raussuchen muss, ICH nehme die schwierigsten der Schwierigen.

Kein Wunder, dass mich dies so fordert und erschöpft, aber es macht mich glücklich.

Deshalb dieses Lächeln.

Deshalb dieser Elan.

Deshalb diese Erfolge!!!

So ist der ganze Tag der Ergotherapeutin.

Termin an Termin.

Erfolg an Erfolg.

Und so verlässt sie froh gelaunt am Ende ihres Arbeitstages die Einrichtung - mit großer Vorfreude auf den nächsten Arbeitstag.

Herrlich!

Und nun aus meiner Sicht!

Durch das Fenster beobachte ich die Ankunft der Ergotherapeutin
- oh, heute so früh - 7.15 Uhr.
Ihr Dienst beginnt um 8 Uhr.
Bestimmt hat sie etwas Besonderes geplant!
Ich nehme an ihren vorzeitigen Feierabend!
Sie schleppt sich über den Parkplatz und fällt förmlich in die
Ergotherapie.
Dort kocht sie sich einen Kaffee und macht es sich mit einem
Kippchen in der Sonne gemütlich.
Für ca. 1 Stündchen und 4-5 Kippchen.
Die zur Arbeit eilenden Mitarbeiter werden - gewollt oder
ungewollt - über die geplanten Aktivitäten der Ergotherapeutin
aufgeklärt.
Nach Jahren der Zugehörigkeit weiß man: Planung bedeutet noch
lange nicht Durchführung.
Mich persönlich erinnert diese Situation immer an einen
sprechenden Bewegungsmelder - kennen Sie diese
Weihnachtsmänner, die „Jingle Bells" singen und dazu tanzen,
wenn man an ihnen vorbeigeht?
Anfangs erfreulich, aber nach zehn Mal nerven sie kolossal.
Vielleicht könnte die Ergotherapeutin mich mit einer Tanzeinlage
zu ihren gesprochenen Worten erheitern.
Ich kann das ja mal anregen!
Irgendwann taucht sie in der Gruppe auf, liest in gefühlten 20
Minuten einen Dreizeiler im Dienstbuch.
Wenn ich Glück habe, schweigt sie dabei.
Diese Einträge haben sehr wenig mit ihrer Arbeit zu tun, die
Einträge sind irrelevant für sie.

Meistens!

Wenn es ihre Arbeit betrifft, werde ich sie in Kenntnis setzen.

Da sie ihre THERAPIEEINHEITEN mit sehr großzügigen Pausen dazwischen plant und darüber hinaus noch die ein oder andere Einheit ausfallen lässt, gibt es nicht mehr viel in Kenntnis zu setzen.

Die Zusammenarbeit gestaltet sich an vielen Stellen schwierig.

Zu konträr sind unsere Vorstellungen.

Zu Anfang - und das ist mittlerweile 15 Jahre her - habe ich an einigen Stellen gerne mit ihnen zusammengearbeitet.

Gemeinsam wurden Ideen entwickelt, die Ergotherapie suchte nach Möglichkeiten, diese umzusetzen, die Vorschläge wurden in die Gruppe gebracht, vielleicht nochmals modifiziert und dann von beiden Seiten durchgeführt.

Die Erfolge wurden auf dem Konto der Ergotherapeuten gutgeschrieben, die Misserfolge bei uns.

Im Laufe der Zeit stellte ich fest, dass immer die gleichen Bewohner in den Genuss der Ergotherapie kamen.

Und seltsamerweise die mit den geringsten Verhaltensauffälligkeiten.

An dieser Stelle kann man sicherlich unterschiedlicher Meinung sein, wer einen Anspruch auf diese Einheiten haben sollte.

Die mit den Verhaltensauffälligkeiten?

Die Ruhigen, Stillen?

Vielleicht wäre die Ermittlung des Bedarfs der richtige Ansatz.

Vielleicht wäre es sinnvoll, dass die Ergotherapeuten Förderpläne schreiben - überprüfbare Förderpläne.

Eine gute Sache, um ihre Arbeit transparenter zu machen, um ihre Arbeit unterstützend fortzuführen.

Schöne Sache!
Schöne Träume!

Bevor die Ergotherapeutin jetzt aber zu ihrer schon leicht
verspäteten Einheit kommt - muss sie vorher noch ein kleines
Kippchen rauchen - schließlich machen wir ja auch grad eine
Rauchpause und sie ist ja so gesellig und an Austausch interessiert.
Muss ja nicht unbedingt über die Arbeit sein…
Die Einheit beginnt laut Therapieplan um 8 Uhr - mittlerweile ist
es 8.30 Uhr.
Na ja, was soll´s, wahrscheinlich hat sie sich zur Nacharbeitung
der Einheit noch einen kleinen Puffer von 45 Minuten eingebaut.
Gegen 8.45 Uhr beginnt also die Fitnesseinheit.

Zur Information: Die Bewohnerin hat in den letzten Jahren
ziemlich an Gewicht zugelegt. Obwohl es uns eigentlich klar war,
dass dies von lieb gemeinten Mitbringseln ihrer Oma kam,
mussten wir sie ärztlich durchchecken lassen. Sogar beim
Endokrinologen wurden wir vorstellig - mit einer Wartezeit von
einem halben Jahr!
Ich spreche jetzt mal gar nicht davon, welche Kosten dem
Gesundheitssystem dadurch entstanden sind.
Sicherlich, zuerst haben wir uns auch gefragt, woher das kommen
konnte, da sie zu den Mahlzeiten wirklich keine großen Portionen
vertilgt hat. Als wir aber dem unangenehmen Geruch in ihrem
Zimmer auf die Spur kommen wollten und in ihrem Schrank
leere Fischdosen, Mozarellapackungen, Kuchenteller,
Schokoladenpapier hinter den Pullovern fanden, war die Sache
ziemlich schnell klar.

Irgendwann berichtete eine Nachtwache dann noch, dass die Bewohnerin ja auch sehr gerne das Energan trinkt. Hierbei handelt es sich um hochkalorische Nahrung, die in unserem Fall Menschen gegeben wird, deren BMI unter 15 liegt.

Ihr BMI liegt jenseits der 30.

Und dennoch wurden Stimmen laut, sie ärztlich vorzustellen - so etwas verunsichert natürlich - niemand soll zu unrecht eine Diät machen müssen.

Natürlich hat die Bewohnerin auch ein Recht auf Übergewicht und es geht nicht darum, dass sie eine Modellfigur bekommt. Da sie aber kein Gesundheitsbewusstsein hat, Medikamente erhält und zu dieser Zeit wieder verstärkt unter heftigen epileptischen Anfällen litt, sahen wir die Notwendigkeit, hier etwas Einhalt zu gebieten.

Sie besucht gerne die Ergotherapie und so wurde mit den Kolleginnen ein kleines Fitnessprogramm erstellt, dies sollte aber ohne Druck geschehen.

Es wurden Fitnessfahrräder angeschafft und die Ergo erhielt Unterstützung von einer internen Krankengymnastin, äh Physiotherapeutin.

Die Physiotherapeutin berichtete auch regelmäßig über ihre Einheiten und wie schwer es sei, die Bewohnerin zu motivieren.

Wir unterstützten diesen Prozess und freuten uns über kleine Erfolge - sowohl was die Motivation als auch die Gewichtsreduktion betraf.

Außerdem wurden Zehnerkarten für das ortsansässige Fitnessstudio gekauft, um dort ein breiteres Angebot zu bieten und gleichzeitig der Bewohnerin Außenkontakte zu ermöglichen. Ich könnte jetzt noch viele Gründe angeben, wieso wir uns für eine doch relativ teure Freizeitaktivität entschieden haben.

Die Bewohnerin wurde selbstverständlich in den Prozess mit einbezogen und war Feuer und Flamme.

Soviel an Hintergrundinformation für Sie - denn, das erklärt Ihnen vielleicht meinen späteren Frust und das Gefühl „verarscht" zu werden.

Also zurück zur Fitnesseinheit.

Gegen 9.00 Uhr kehren die zwei Sportlerinnen zurück.

Die Einheit wurde also schon mal um 15 Minuten kommentarlos gekürzt.

Schnell verschwand die Ergotherapeutin und konnte kurze Zeit später rauchend in der Sonne sitzend gesichtet werden.

Verständlich, nach einer solchen Anstrengung!

Auf Nachfrage bei der Bewohnerin, ob ihr Fitnessprogramm sehr anstrengend war, verneinte sie kichernd. Etwas irritiert fragte ich nach den Inhalten und jetzt kommt der Knaller.

Sie würden schon lange nicht mehr auf dem doofen Fahrrad fahren, das sei total langweilig - sie arbeiten jetzt am Computer.

AM COMPUTER!!!!

Moorhuhn jagen!!!

So, also wurde das gemeinsam erarbeitete Fitnessprogramm von der kompetenten Ergotherapeutin modifiziert - ohne uns in Kenntnis zu setzen.

Die Frage nach dem „Warum" muss ja hier nicht mehr gestellt werden!

Es gab ja noch die zweite Ergotherapeutin - die für das Fitnessstudio zuständig war. Hier konnte ich in Erfahrung bringen, dass die Ergotherapeutin sich die Seele aus dem Leib strampelte, während die Bewohnerin Fingernägel betrachtend daneben stand.

Puh - was für ein Erfolg!

Allerdings halte ich dieser Ergotherapeutin zugute, dass sie von sich aus dieses Projekt als gescheitert betrachtete und nach den 10 Einheiten nicht verlängert wurde.

Sie sei halt einfach nicht zu motivieren, die Gute, und zwingen könne und dürfe man sie ja auch nicht.

Diese Informationen erhält man gerne mit dem bereits beschriebenen tränengeschwängerten Blick.

Das provoziert mich bis auf's Blut.

Wieso?

Es sitzen vermeintliche Fachleute am Tisch und diskutieren über die notwendige Veränderung einer Situation.

Alle bringen sich ein, jeder möchte wichtig sein, jeder ernst genommen werden.

Das ist richtig - das ist wichtig.

Das kostet Geld.

Auch wenn man keinen Eintritt zahlt, liebe Ergotherapeutinnen.

Nach stundenlangem Hin und Her, nach der Klärung der Kostenübernahme steht dann endlich ein tragfähiges Konstrukt.

Jetzt hängt der Erfolg von der guten Zusammenarbeit ALLER ab.

Niemand ist besser, niemand schlechter - alle gehen in eine Richtung.

Klar, dass jeder eine Persönlichkeit mit einbringt, an Abmachungen sollte man sich allerdings halten.

Das ist so, als würden in Familien die Erziehungsberechtigten und -verpflichteten gemeinsam für Abmachungen plädieren und sobald einer das Haus verlässt, sind diese nichtig.

Was passiert dann mit den Kindern?

Das muss ich doch keinem mehr erklären und schon gar nicht einer ausgebildeten Ergotherapeutin. Ich bin keine herausragende Pädagogin, ich halte mich für keinen besonderen Menschen, meine Vorgehensweise darf man in Frage stellen, ob ich das dann ändere, steht auf einem anderen Blatt.

Aber auch ich habe Erfahrungen mit dieser Bewohnerin, da ich jahrelang ihre Bezugsbetreuerin war.

Das heißt, ich war auch für die Bekleidungseinkäufe mit ihr gemeinsam zuständig.

Bitte folgende Situation.

Bewohnerin nahe 100 kg.

Schaufenster Miss Sixty.

Oh, was für ein tolles T-Shirt, dass möchte ich haben.

Bitte rufen sie sich in Erinnerung für wen Miss Sixty Mode hergestellt wird.

XL entspricht Größe 38 - höchstens.

Na ja, jetzt könnte ich langatmig und einfühlsam versuchen, der Bewohnerin zu erklären, dass ihr das nicht passen wird - selbstverständlich mit Tränen in den Augen, da ich von ihrem Schicksal so betroffen bin.

Ich könnte es auch einfach kommentarlos ablehnen.

Ich könnte es ignorieren.

Aber ich bin da sehr pragmatisch - vielleicht würden manche sagen - einfach gestrickt.

Ja, schönes T-Shirt - willst du es anprobieren?

XL herausgesucht und den Versuch gestartet, in dieses T-Shirt zu gelangen.

Rein geht ja meistens - raus ist immer so eine Sache.

Also stand sie vor mir.

Arme hoch.

Roter Kopf.

T-Shirt quetschte die Brüste nach unten, weil drüber ging es nicht.

Ich glaube, das passt nicht, quetscht sie nach Atem ringend heraus.

Tja, das glaube ich auch. Ein paar Kilo weniger und es passt vielleicht.

Ach, so wichtig ist es auch nicht!

Das T-Shirt war nie mehr Thema.

Es gab nur Einsicht - selbst erlebte Einsicht.

Die Ergotherapeutin führte mit ebendieser Bewohnerin ein Duschtraining durch.

Monatelang.

Erklärte mir, bevor erstmal ein Handschlag gemacht wurde, stundenlang etwas von Körperwahrnehmung und sie bräuchte einen Ganzkörperspiegel.

Und Schamgefühl von Seiten der Bewohnerin und und und...

Also, wenn jemand kein Schamgefühl hat, dann diese Bewohnerin - sie ist total locker und frei - wenn uns Schamgefühl begegnet, dann meist unser eigenes.

Soll sie doch ihr Schamgefühl offen auf den Tisch legen, dann könnte ich ihr wenigstens sagen, dass das nicht mein Problem ist, denn für sie gibt es keine Kostenzusage, soweit ich weiß.

Wahrscheinlich landeten, zusammen mit dem Schamgefühl, 20 leere Packungen Zigaretten im Mülleimer, ehe ein einziges Duschtraining stattfand.

Aber das große und umfassende Duschtraining wurde von der Meisterin des Waschlappens durchgeführt und mir wurde mit Stolz geschwellter Brust nach einem halben Jahr mitgeteilt, dass die Bewohnerin jetzt in der Lage sei, zwei Waschlappen zu benutzen.

Einen für oben und einen für unten. (O-Ton!!!!)

Ich brech´ zusammen…

Die Bewohnerin ist fit, verfügt über Sprache, kann Bedürfnisse äußern, fertigt Freundschaftsbänder an, indem sie die Anleitung in einem Buch liest…

Aber jetzt ist sie in der Lage, zwei Waschlappen zu benutzen!!!

Es ging darum, ihr eine bessere Hygiene des Intimbereiches nahezubringen, die Notwendigkeit zu erläutern.

Aber nach einem halben Jahr ist sie in der Lage, zwei Waschlappen zu benutzen - theoretisch!

Praktisch tut sie es aber nicht - auch nach einem halben Jahr nicht!

Was für ein Anspruch an die eigene Arbeit!

Was für ein Selbstverständnis!

Ich war erschüttert!

Ich weiß, dass man manchmal mit unseren Leuten zwei, drei Umwege in Kauf nehmen muss, um das eigentliche Ziel zu erreichen.

Niederschwellig zu beginnen, Beziehungsaufbau zu betreiben, wenn jemand neu ist.

Bitte glauben Sie jetzt nicht, dass sich nach einem weiteren halben Jahr voller Therapieeinheiten etwas an dieser Situation geändert hätte.

Nein, sie wurden ausgeschlichen, die Therapieeinheiten.

Wie man Tabletten ausschleicht.

Nur setzt der Arzt einen davon in Kenntnis.

Aber in diesem Fall weit gefehlt - sie fanden einfach immer seltener statt - unauffällig!

Bis sie sich irgendwann verflüchtigt hatten.

Und diese Menschen sind nicht zu greifen, sie haben immer Ausreden, Argumente und zur Not drehen sie sich einfach rum und gehen.

Auf Nachfragen reagieren die sonst so wortgewandten Menschen wortkarg, erfinden Ausreden, haben plötzlich viel wichtigere, lebensnotwendigere Aufgaben zu erfüllen.

Der Bewohnerin wird auch nichts erklärt, die Einheit LÄUFT einfach aus.

Punkt.

Asozial!

Punkt.

Ach, erinnern Sie sich daran, dass ich zu Anfang erwähnte, dass die Ergotherapeutin mit ihren Kolleginnen über die Ausbeutung der jungen Frau sprechen wollte.

Das war auch so ein Knaller.

Irgendwann bekam ich eine Einladung vom Bewohnerbeirat zu einem Gespräch.

Der Bewohnerbeirat besteht aus Bewohnern des Heimes und hat ein Mitspracherecht vor allem in Fragen der Unterkunft, der Betreuung, der Aufenthaltsbedingungen, der Heimordnung, der Verpflegung und der Freizeitgestaltung.

Anwesend waren die Bewohnerin, eine Ergotherapeutin, meine Chefin und ich.

Ich war etwas neugierig, da mir zuvor keine inhaltlichen Informationen mitgeteilt worden waren.

Also saßen wir an einem Tisch und vor der Bewohnerin lag ein Zettel, auf dem stand: Ich muss zu viel machen.

Die Ergotherapeutin erklärte uns ausführlich, wie ausgebeutet sich die Bewohnerin in unserer Gruppe fühlen würde, dass sie das alles nicht mehr machen möchte und und und…

Ich war doch etwas erstaunt darüber.

Ja, es stimmt, die junge Frau erledigt viele Aufgaben in unserer Gruppe - sie ist mit Abstand auch die kognitiv am weitesten entwickelte Person, ist motorisch fitter als mancher Kollege und ist psychisch stabil.

Die zugeteilten und selbstgewählten Aufgaben erledigt sie meistens gern, sie dienen dem Erhalt und Ausbau ihrer Ressourcen, sie erhält dadurch viel Lob von den Mitarbeitern und ihren Bewohnern, wenn andere Aktivitäten bei ihr anstehen, sind diese Aufgaben zweitrangig...

In all den Jahren, in denen ich diese Frau nun schon begleite, wurden ihre Freiheiten stetig ausgebaut, der Aufgabenkreis blieb größtenteils der gleiche, außer wenn von ihr etwas anderes erbeten wurde.

Sie ist stolz auf ihre Aufgaben und auf ihre Fähigkeiten.

Und ich bin stolz auf unsere Erfolge.

Ich erklärte der jungen Frau mein Erstaunen und fragte konkret nach ihren Wünschen.

Mit hochrotem Kopf und etwas schnippisch gab sie uns zu verstehen, dass die Aufgaben zu viel seien.

Solche Situationen sind selbstverständlich schwierig, sie ist dem Hausteam gegenüber wohlgesonnen und ebenso den Ergotherapeutinnen.

Ich wollte es vermeiden, dass sie sich in die Enge getrieben fühlt - zwischen den Stühlen - und dass sie das Gefühl hat, jemanden vor den Kopf zu stoßen.

Ich fragte also nach, ob das bedeuten würde, dass sie weniger machen möchte.

Nee, eigentlich nicht - es ist mir nur zu viel. Also sprach ich konkret über die einzelnen Aufgaben und bat darum, dass sie mir immer direkt sagen sollte, wenn diese Aufgabe wegfallen sollte.

Es gab wirklich keine, die wegfallen sollte.

Ich war etwas ratlos.

Die Ergotherapeutin war hingegen sehr sprachlos und rutschte etwas unruhig auf ihrem Stuhl hin und her.

Um das Ganze nicht noch peinlicher für die Ergotherapeutin werden zu lassen, bot ich der Bewohnerin an, einige ihrer Aufgaben einer anderen Bewohnerin zu überlassen.

Nein, also das mache sie ja gerne und die andere könne das ja auch gar nicht so gut und sie werde schon wütend, wenn sie in ihrem Zimmer sitzt und hört, wie der Kollege des Spätdienstes die Maschine um 15 Uhr ausräumt.

Nur manchmal wären manche nicht so freundlich zu ihr, dann hätte sie keine Lust, Sachen zu machen.

Richtig, das ist absolut richtig und sie hat einen respektvollen und freundlichen Umgang zu erwarten.

Genau das erklärte ich ihr und dass ich mich darum kümmern würde. (Was selbstverständlich bei der nächsten Teamsitzung thematisiert wurde und welcher Umgang bei uns gewünscht und erwartet wird.)

Noch nie habe ich erlebt, dass sie einer Bitte meinerseits oder vieler anderer Kollegen nicht nachkam, sie genießt - aus meiner Sicht - diese Situationen.

Ist hilfsbereit und freundlich.

Noch FRAGEN?

Für mich war das Gespräch an dieser Stelle beendet.

Die Sache war geklärt.

Es war klar, wer das Problem mit ihren Aufgaben hatte.

Aber NEIN!

Jetzt fing dann die Ergotherapeutin mit einem Bonusprogramm an.

Für jede geleistete Aufgabe wird ein Punkt gutgeschrieben und bei Erreichung von 10 Punkten darf die Bewohnerin sich etwas aussuchen, was sie gerne machen möchte.

Nichts gegen Bonusprogramme an der richtigen Stelle, aber doch nicht bei einem Menschen, der motiviert ist, der sich regelmäßig Freizeitaktivitäten wünscht und meistens dabei ist, wenn wir das Haus verlassen.

Wissen Sie, ich habe nicht ewig Zeit und in der Gruppe sind genug Aufgaben zu erledigen - ich habe keine Zeit für solche Kinkerlitzchen - das nervt mich.

Anstatt einzusehen, dass sie die Bewohnerin etwas falsch verstanden hat - dass es aber dennoch gut war, sie in ihren Aussagen ernst zu nehmen - NEIN - irgendetwas muss sie jetzt rausholen aus der Situation.

Jeder hätte stehenbleiben können in dieser Situation.

Das sind die Situationen, in denen es mir an einem Schleim-Gen fehlt, in denen mir jegliche Diplomatie abhanden kommt.

Dann werde ich kurz, knapp, klar und deutlich.

Ist mir auch egal, ob das sozialarbeiterisch korrekt ist.

Ist mir auch „scheissegal", ob mich mein Gegenüber noch leiden kann.

Und wenn die ganze Einrichtung gegen mich ist.

Ich fragte also nach, ob das bei ihr zuhause mit ihren Kindern auch so liefe mit den Bonusprogrammen.

Oder ob sich nicht jeder seinen Fähigkeiten entsprechend einbringen würde.

Ich muss doch keiner Ergotherapeutin etwas über soziale Kompetenzen erklären - glaube ich!

Ich habe mir überlegt, dass ich meinem Arbeitgeber ein Bonusprogramm für MitarbeiterInnen vorschlage.
Für Pünktlichkeit, Einhaltung von Terminen, für jede nicht gerauchte Zigarette erhält man einen Bonus und kann auf diese Weise frühzeitig in Rente gehen oder eben halt nicht.
Hups, da wären wahrscheinlich einige mit 80 noch hier…
Schade nur, dass dann irgendwann nur noch überalterte ErgotherapeutInnen beschäftigt wären. Die darüber reden, wie wichtig es doch wäre, dass XY besser kauen lernt, während ihm das wunde Fleisch von den Knochen fällt, weil vor lauter Rederei und Wichtigtuerei keine Zeit mehr für´s Wickeln bleibt.

Wissen Sie wie viele Kleinigkeiten es täglich gibt, die mich zum inneren Verglühen bringen?
Diese Menschen kann ich nicht mehr ertragen.
Ich kann ihre Ausreden nicht mehr hören.
Ich kann mich aber auch nicht mehr damit auseinandersetzen, wenn ich das Gefühl habe, mein Gegenüber „verarscht" mich.
Schönrederei - und ich soll artig nicken.
Wissen Sie, wie ich mich innerlich schäme, wenn ich diese Situationen nickend hinnehme oder mir ein „Ach so" zwischen zusammengebissenen Zähnen herauspresse?
Jeden Tag könnten wir Diskussionen führen.
Wieder und wieder auf die Notwendigkeit von ergotherapeutischen Einheiten bei XY hinweisen - aber wir möchten nicht, dass XY das wunde Fleisch von den Knochen fällt.

Wir haben mit ihnen diskutiert.
Wir haben mit ihnen gestritten.
Wir haben es in die Supervision eingebracht.

Wir haben es in Teamsitzungen thematisiert.

Meine Chefin gab mir an vielen Stellen recht, geändert hat sich nichts.

Irgendwann habe ich resigniert, keine Gespräche mehr gesucht, lasse ihren Salmon über mich ergehen und werde innerlich regelmäßig zur Mörderin hinsichtlich so umfangreichen geistigen „Dünnschisses".

Hinsichtlich solcher „Verarschereien"!

Solange es solche Menschen im sozialen Bereich gibt, so lange wird dieser nicht ernstgenommen, so lange müssen wir mit Umschreibungen, wie Tüddeltanten, Sozialfuzzies, Basteltanten etc. leben.

Und während ich das schreibe, wird mir klar, ich werde wieder in den Krieg ziehen!

Montag!

Veränderungswünsche werden wahr...

Wie Sie sich sicher vorstellen können, habe ich im Laufe meiner Berufsjahre immer mal wieder über eine berufliche Veränderung nachgedacht. Bleibt ja nicht aus bei den Zuständen. Aber wie heißt es so schön: „Was man hat, weiß man, was man bekommt, nicht!" oder „Vom Regen in die Traufe!".

Das sind ja nicht besonders ermunternde Lebensweisheiten und es ist ja auch tatsächlich so, dass ich trotz meiner Jammerei große Angst vor Veränderung habe. Mit zunehmendem Alter brauche ich immer mehr Sicherheit und dazu gehört auch finanzielle Sicherheit. Ob ich nun will oder nicht.

Manchmal wünsche ich mir die Unbefangenheit und den Größenwahnsinn meiner Jugend zurück und möchte einfach alles hinschmeißen. Denn trotz einiger Niederlagen in meinem Leben bin ich doch immer wieder auf den Füßen gelandet.

Diese Zuversicht fehlt mir aber heute leider.

Immer mal wieder schwirre ich durch´s Internet und suche nach einer interessanten Stelle.

Wirklich spannende Angebote begegnen mir nicht wirklich und wenn, dann steht ein katholischer Anbieter dahinter.

Und wir beide passen so gar nicht zusammen.

Langzeitarbeitslose Jugendliche und ich - die passen auch nicht zu mir.

Und einen ähnlichen Job, wie ich ihn zur Zeit mache, muss ich auch nicht haben.

Dann bleibe ich lieber, wo ich bin.

Und natürlich stellt sich mir immer wieder die Frage: „Will ich überhaupt noch im sozialen Bereich arbeiten oder erscheint mir ein Job in irgendeinem Discounter an der Kasse mittlerweile attraktiver?"

Irgendwann hatte ich dann mal die wahnwitzige Vorstellung, mich innerhalb der Einrichtung zu verändern.
Und an dieser Odyssee möchte ich Sie teilhaben lassen.
Sie ist eine meiner größten Enttäuschungen, sowohl seitens meines Arbeitgebers als auch - und das noch viel mehr - der Menschen, die im sozialen Bereich tätig sind und täglich mit schutzbefohlenen Menschen Umgang pflegen.
Und dann gab es doch auch tatsächlich eine Ausschreibung für die Leitung des Berufsbildungsbereiches.
Zugangsvoraussetzung:
abgeschlossenes Studium der Sozialarbeit,
abgeschlossene Ausbildung in einem Handwerksberuf,
Erfahrung in der Arbeit mit Menschen mit Beeinträchtigung,
Erfahrung im Berufbildungsbereich,
Personalplanung und -führung,
Mitwirkung bei der Aufrechterhaltung der Trägerzulassung gem. AZAV,
Mitwirkung im Fachausschuss sowie Zielvereinbarung mit der ARGE,
Anleitung der Bildungsbegleiter zur Umsetzung des Fachkonzepts in Bezug auf Rahmenpläne, Verlaufsdokumentation, Eingliederungsplanung, Testung, Zielermittlung und Praktika,
Abstimmung der Schulungspläne und Module der beruflichen Bildung,
Mitwirkung bei der Planung, Organisation und Durchführung von Fortbildungsmaßnahmen,
Konzeptionelle Weiterentwicklung des BBB,

Selbständigkeit, Eigeninitiative und teamorientiertes Arbeiten, Kenntnisse MS-Office

Unser stellvertretender Leiter machte mich auf die interne Ausschreibung aufmerksam.

Man könnte ja jetzt mutmaßen, dass der Leiter mich loswerden wollte, aber ich glaube, er war und ist mir wohlgesonnen.

Ich bewarb mich und wurde auch recht zügig zu einem Vorstellungsgespräch eingeladen.

Soweit erfüllte ich ja alle Zugangsvoraussetzungen bis auf die Tatsache, dass ich gar keine Erfahrung im Berufbildungsbereich hatte.

Ich persönlich sah darin zwar keine großen Probleme, da ich glaube, dass ich über die kognitiven, sozialen und psychischen Kompetenzen verfüge, mich in einen neuen Arbeitsbereich einzuarbeiten. Selbstverständlich mit der Unterstützung der dort arbeitenden Menschen.

Für ihn war das dann aber doch ein Grund dafür, dass die Stelle auch noch öffentlich ausgeschrieben wurde.

Ich sei aber mit im Rennen, wenn es keine adäquaten Bewerbungen geben sollte.

Wie so oft im sozialen Bereich mahlen die Mühlen langsam.

Im Februar wurde die Stelle ausgeschrieben und im Mai konnte noch keiner etwas zum Stand der Dinge sagen.

Im Mai sind ja bekanntlicherweise sehr viele Feiertage und anscheinend kann an den anderen Tagen auch nicht gearbeitet werden. Der Juni zog dann auch noch ins Land - wahrscheinlich wird es sich dann von der Erholung im Mai erholt. Im Juli erhielt ich dann montags die Nachricht, dass die Stelle jetzt von einer wirklich kompetenten Person besetzt werden sollte. Schade für Sie, Frau Tondra, aber so ist es.

Ich würde lügen, wenn ich jetzt sagen würde, dass ich nicht sehr enttäuscht war. Und sauer.

Ob nun berechtigt oder nicht.

Natürlich setzte ich meine Chefin davon in Kenntnis, sie war ebenso erstaunt über diese Entscheidung.

Sie hatte mich die ganze Zeit unterstützt und fand diese Hinhalterei auch als nervig und unverständlich. Wenn ich schon mal Zweifel hegte, ob ich das meistern könnte, machte sie mir Mut und appellierte an mein Selbstbewusstsein. Erzählte von ihren anfänglichen Schwierigkeiten und Ängsten als Einrichtungsleitung und von der Unterstützung durch die Kollegen und Kolleginnen. Aber irgendwie waren ich und auch sie froh, dass das Hick-Hack ein Ende hatte.

Vielleicht ein anderes Mal.

Am nächsten Vormittag rief mich die leitende Person dann nochmal an, um mir mitzuteilen, dass ich die Stelle jetzt doch haben könnte, da die kompetente Person dann leider das Stellenangebot nicht angenommen habe.

Auf der einen Seite machte sich Freude breit und auf der anderen Seite hatte ich ein ungutes Bauchgefühl.

Was war das denn jetzt?

Wäre es in einem solchen Fall nicht sinnvoller und achtsamer gewesen, erstmal das Gespräch mit der potenziellen Bewerberin zu führen, alles unter Dach und Fach zu bringen und mich dann zu informieren? Aber das ist wahrscheinlich mit dem Größenwahnsinn dieser Herren zu erklären, die sich gar nicht vorstellen können, dass manche Menschen sich auch selbst ein

Bild von einer Einrichtung während eines Vorstellungsgesprächs machen und vielleicht besser auf ihr Bauchgefühl hören als ich. Ich gratuliere Ihnen unbekannterweise an dieser Stelle für Ihre außerordentliche Intuition.

Ich erhielt die Möglichkeit mit dreimonatiger Probezeit diesen Job anzunehmen. Dies war natürlich sehr großzügig von meinem Arbeitgeber und es wurde auch von Seiten meiner Chefin ermöglicht. Sie betonte immer wieder, dass sie mich mit einem lachenden und einem weinenden Auge gehen lassen würde und sich für mich freute, dass ich noch einmal die Möglichkeit bekam, mich beruflich zu verändern. Auch mein Team erklärte sich bereit, diese Zeit ohne Stellenausgleich aufzufangen. Sie wünschten mir zwar Glück, hofften aber auch auf eine Wiederkehr.

Irgendwie.

Am 11. September trat ich dann meinen neuen Job an.

Vielleicht hätte ich bei dem Datum schon skeptisch sein sollen.

Allerdings rechnete niemand an diesem Tag mit mir und ich wurde mit den Worten begrüßt:"Heute? Sie fangen doch erst morgen an."

Toller Start, tolle Begrüßung.

Ich stand da jetzt ein wenig wie Töpfchen Doof und fühlte mich so richtig herzlich willkommen.

Aber dieses Gefühl würde mir heute noch mehrfach begegnen.

Nachdem Herr Oberschlau seinen, wahrscheinlich eh leeren, Terminkalender umgeschmissen hatte, zeigte er mir mal als allererstes „mein" neues Büro.

Ich hatte schon mit meinen Kollegen darüber sinniert, wie wohl mein neues Büro aussehen würde. Verschiedene Ideen wurden besprochen und zu guter Letzt einigten wir uns auf eine mit Ornamenten versehene Eichentür, umrahmt von goldenen Säulen, und oben drüber in goldenen Lettern „The brain", wunderschöne helle Möbel, ein Teppich, in den man bei jedem Schritt einsinkt und natürlich neueste Technik.

Nun gut, ganz so heimelig war es dann nicht.

Auch mit einem gewissen Abstand muss ich sagen, dass es eine absolute Unverschämtheit war, was mir hier präsentiert wurde.

Wenn doch seit Februar klar ist, dass so eine Stelle eingerichtet wird, dann sollte es doch möglich sein bis September ein Büro einzurichten, oder?

Und ich rede jetzt nicht von den oben beschriebenen Spinnereien, die ich nun wirklich nicht erwartete.

Ich weiß auch gar nicht, wieso ich mich so aufrege.

Es war ja eingerichtet.

In dem seit Jahren abgenutzten Hausmeisterbüro stand ein riesiger abgeranzter Stahlschreibtisch, daneben ein lädierter Beistelltisch, ein Holzstuhl, die Wände vermackt, einige Stellen waren mit einem ähnlichen Farbton ausgebessert worden, der Boden dreckig, durch das verdreckte Fenster gelang es dem Tageslicht nur als trübe Brühe in einem noch trüberen Raum zu landen.

Kein Computer, kein Telefon, kein Papier, kein Stift.

Abgestandene Luft, vermengt mit dem Duft von Dreck stellten für meine empfindliche Nase eine Herausforderung dar.

Zum wiederholten Male fühlte ich mich willkommen geheißen.

„Ja, einen Bürostuhl können Sie sich dann noch bei unserem Werkstattleiter aussuchen und wir können mal im Lager schauen, ob es noch andere Möbel gibt, die Sie gebrauchen können. Und die Hausmeister können die Wände noch ausbessern. Computer und Telefon kommen in den nächsten Tagen!"

Ich brach innerlich zusammen.

Kein Wort der Entschuldigung, dass dieses Büro so aussah, wie es aussah.

Diese Hütte war schäbig, schmutzig, abgeranzt und noch nicht einmal funktional ausgestattet.

Wahrscheinlich erwartete er auch noch Freude und Dankbarkeit und wahrscheinlich heuchelte ich das auch noch, während ich mich innerlich fremdschämte.

Den Rest des Tages schleifte er mich durch die verschiedenen Werkstätten mit ihren einzelnen Produktionsgruppen und natürlich durch alle Bildungsbereiche, fünf an der Zahl. Ich lernte alle Menschen der Sozialen Dienste und die Werkstattleiter kennen.

Ich wurde vorgestellt, schüttelte Hände, begutachtete und wurde begutachtet.

Es gab wirklich nur wenige, die mir freundlich gegenübertraten. Überaus freundlich und neugierig waren die behinderten Mitarbeiter und das ließ mich ein wenig entspannen.

Ansonsten spürte ich überall: Sie braucht hier niemand!

Puh, das machte ja richtig Hoffnung.

Als wir in einem Büro zur Vorstellung waren, wurde meinem Chef Schokolade angeboten, während ich ignoriert wurde.

So etwas macht man doch nicht. Oder bin ich da sehr empfindlich?

Ich hatte ja nicht erwartet, dass ich in den Arm genommen werde oder gar rechts und links ein Küsschen auf die Wange bekomme, aber ein wenig mehr Wohlwollen hatte ich mir schon gewünscht.

Viele Menschen haben Angst vor Veränderung und die gesetzlichen Anforderungen hatten schon genug zur Verwirrung gesorgt. Die Menschen waren verunsichert und das Letzte, was sie brauchten, war jetzt jemand, der ihnen in ihrer Verunsicherung auch noch auf die Hände schaute. So erklärte ich mir ihre einschüchternde Unfreundlichkeit. Ich habe mein Team immer versucht partnerschaftlich-kooperativ zu führen, natürlich gab es auch immer mal Situationen, in denen eine sofortige Entscheidung getroffen werden musste, ohne vorherige Absprache. Dazu bin ich fähig und übernehme die gesamte Verantwortung. Auf eine derartige Zusammenarbeit hoffte ich auch in diesem Bereich.

Ich ahnte ja nicht, was hier auf mich zukommen sollte, und die Hoffnung stirbt ja bekanntlicherweise zuletzt.

Der in die Jahre gekommene Herr Oberschlau war augenscheinlich freundlich zu mir. Erklärte mir immer wieder, wie schwierig es war, diese Stelle zu etablieren und dass mir sicherlich noch viele Schwierigkeiten begegnen würden. Er, als Leiter der Sozialen Dienste, erachtete diese Stelle allerdings als absolut notwendig und hatte ja letztendlich auch alle von dieser Notwendigkeit überzeugt.

Vor einigen Kollegen warnte er mich namentlich direkt und gab mir den Ratschlag, mir nicht die Butter vom Brot nehmen zu lassen. Laut seiner Aussage war ein Standort mit ganz besonderer Vorsicht zu genießen und von diesen Menschen hätte ich den größten Widerstand zu erwarten.

„Laut ihrer bisherigen Chefin sind Sie ja eine starke und toughe Frau und wissen, wie man sich durchbeißt! Aber wenn Sie Fragen haben, bin ich jederzeit für sie da! So, dann wissen Sie ja alles Nötige, dann organisieren Sie sich mal! Sie kennen ja die Stellenausschreibung, letztendlich hat ja noch keiner so eine richtige Vorstellung, wie diese Stelle gefüllt werden soll!"

Noch wußte ich nicht, was ich von alledem zu halten hatte. Die Aussagen über den Standort fand ich sehr verwunderlich, etwas leger Dahingeworfenes mit sehr diffusem Inhalt von hoher Bedeutung.

Die Freiheit, meine Stelle inhaltlich zu füllen, fand ich einerseits spannend und toll und andererseits auch etwas beängstigend.

Na ja, es war ja auch mein erster Tag.

Ich ging in mein heimeliges Büro und dachte nach.

Ich schaute mich um und es wurde mir bewusst, wie unwohl ich mich fühlte.

Ich suchte den Werkstattleiter auf und besprach mit ihm die Möbelsituation meines Büros. Ich muss sagen, dies war mein erster wirklich freundlicher Kontakt. Er wirkte etwas erstaunt, was die Möbel und Wandausbesserungen betraf. Wir gingen mit Katalog und Zollstock bewaffnet nach oben und er war dann auch direkt sehr tatkräftig.

„Ausbessern? Möbel aus dem Lager? Das ist doch eh nur Schrott! Kein Telefon? Kein Computer?" warf er missbilligend in den Raum. Dann zeigte er mir im Katalog die üblich angeschafften Bürostühle, ließ mir aber die Wahl, mich auch anders zu entscheiden - dann verschwand er. Bei den Stühlen wurde nicht gespart, soviel war klar.

Der erste Tag neigte sich dem Ende.

Wirklich toll ist anders.

Bei meiner Ankunft am nächsten Morgen war der Haustechniker schon vor Ort und installierte das Telefon. Er wirkte ein wenig stockig und übellaunig. Im Laufe des Gespräches erfuhr ich dann auch den Grund dafür: Dies war vorher sein Büro und irgendwie machte er mich für den ungünstigen Wechsel verantwortlich. Er teilte sich jetzt mit mehreren Kollegen ein Büro im Keller.

Super Sache!

Der Werkstattleiter rief mich zu sich, übergab mir Schlüssel, eine Farbkarte für Wandfarbe mit dem Hinweis, dass ich mir vernünftige Möbel aus dem Katalog aussuchen sollte.

Ach, wie mich das freute. Ich kann meine Gefühlsregungen nur schlecht verstecken - egal ob gute oder schlechte. Meine Freude schien ihn zu erfreuen.

Hätte ich geahnt, wieviel Neid ein paar neue Möbel verursachen können, wäre ich vielleicht doch bei dem Ranzschreibtisch geblieben.

So schwebte ich in mein Büro zurück und wälzte den Katalog. Maß hier und da und war darauf bedacht, mir ein freundliches Büro einzurichten.

In der Farb- und Möbelwahl war ich völlig frei, hatte er gesagt. Ich entschied mich für einen warmen Schilfton für die Wände und Möbel in cremeweiß mit Seitenteilen aus Nussbaumimitat.

Mein Bürostuhl sollte bordeauxrot sein.

Schick und gemütlich und mit viel Platz zum Arbeiten.

Gegen den schäbigen grauen, abgenutzten Linoleumboden konnte ich nichts machen, der blieb hässlich, aber sauber sollte er werden.

Mit dieser Auswahl begab ich mich zum Werkstattleiter und bat ihn um seine Meinung.

Dass sein: „Ja, das ist doch ganz nett!" einen riesigen Gefühlsausbruch darstellte, sollte mir erst im Laufe der Zeit bewusst werden.

So, erledigt - zack!

Um zu meinem Büro zu gelangen, musste ich durch mehrere Produktionsbereiche.

Einige der behinderten Werkstattbeschäftigten erkannten mich wieder und riefen freundlich meinen Namen, winkten mir oder kamen gar an und gaben mir die Hand.

Von den Gruppenleitern wurde ich so betrachtet, dass ich mich fragte, ob Loriots Nudel an meiner Wange klebte. Grundsätzlich bin ich ein offener und freundlicher Mensch, aber dieses Verhalten ließ mich nur schüchtern Lächeln und ein leises „Guten Tag" flüstern.

Oh, wie ich mich dafür hasste.

Endlich erreichte ich mein Büro.

Ich setzte mich und machte mir darüber Gedanken, wie ich das Ganze angehen wollte.

Ich kritzelte Ideen in meinen selbst mitgebrachten Collegeblock, als sich plötzlich die Türe öffnete. Herr Oberschlau trat ein, etwas außer Atem und leicht überfordert wirkend teilte er mir mit, dass die Farbe grün ja gar nicht ginge. Ich konnte wählen zwischen hässlich gelb und hässlich gelb. Ja und mit der Wahl meiner Möbel, na ja. „Kommen Sie mal mit," er führte mich durch einige Büros und zeigte mir die bevorzugten Modelle, auch sein Büro zeigte er mir nochmal mit den hübschen schwarzen Stahlschränken.

Wissen Sie, was ich nicht verstehe?

Wenn er dieses Büro hätte einrichten wollen, hätte er es doch längst erledigen können, oder?

Ich erklärte meine Beweggründe - hell und freundlich und blieb bei meiner Möbelwahl, schlimm genug, dass ich gegen das Hässlichgelb nicht ankam.

Die Möbel wurden dann bestellt.

Selbstverständlich hatte ich meine Wartezeit bis September mit sehr viel Lesen verbracht. Mein Wissen über diesen Bereich steckte ja noch in den Kinderschuhen.

Zuerst wollte ich mir jeden einzelnen Berufsbildungsbereich anschauen, die Bildungsbegleiter kennenlernen, beobachten und Fragen stellen.
Sie waren ja die Fachleute - sicherlich konnte ich viel von ihnen lernen.
Darauf freute ich mich - die kleinen Diskrepanzen würden sich schon legen.

Die Arbeitsagentur fordert, als Kostenträger in den meisten Fällen, einen Fokus auf den allgemeinen Arbeitsmarkt.
Dafür erteilte das Arbeitsamt eine Handlungsempfehlung / Geschäftsanweisung (HEGA 06/10-02 Teilhabe am Arbeitsleben - Fachkonzept für Eingangsverfahren und Berufsbildungsbereich in Werkstätten für behinderte Menschen (WfbM)).
Auf der Seite der Arbeitsagentur können Sie nachlesen, dass damit die Möglichkeiten zur selbstbestimmten Teilhabe behinderter Menschen am Arbeitsleben verbessert und somit ein Beitrag zur Umsetzung der in der UN-Konvention über die Rechte behinderter Menschen verankerten Zielsetzung beruflicher Inklusion geleistet wird.
Das Fachkonzept trägt den aktuellen behinderten- und bildungspolitischen Entwicklungen bei der beruflichen Eingliederung von Menschen mit Behinderung Rechnung. Dies soll insbesondere durch eine stärkere Berücksichtigung von Eingliederungsmöglichkeiten im allgemeinen Arbeitsmarkt sowie durch eine Maßnahmekonzeption und -durchführung auf der Grundlage von Kompetenzfeststellungen eine personenorientierte Maßnahmegestaltung erreicht werden.
Die berufliche Bildung ist ein wichtiger Teil einer ganzheitlichen Persönlichkeitsentwicklung. Sie ist Schlüsselfunktion für die

berufliche Teilhabe und ein selbstbestimmtes Leben. Berufliche Bildung hilft Menschen ihre Potenziale und Kompetenzen weiter auszubauen und berufliche Perspektiven zu entwickeln.
Wer mit dem Arbeitsamt zusammenarbeitet, muss sich zertifizieren lassen.
Beim Bundesministerium für Arbeit und Soziales kann man folgende Begründung für die AZAV nachlesen: „Seit dem 06.04.2012 muss sich jedes Aus- und Weiterbildungsunternehmen, das mit der Agentur für Arbeit zusammenarbeitet nach der Akkreditierungs- und Zulassungsverordnung Arbeitsförderung (AZAV) zertifizieren lassen. Dies ist eine Verordnung nach dem SGB III. Die Regelungen verfolgen das Ziel, die Qualität arbeitsmarktlicher Dienstleistungen und damit die Leistungsfähigkeit und Effizienz des arbeitsmarktpolitischen Fördersystems zu verbessern. Um dieses Ziel zu erreichen können nur solche Träger zur Erbringung von Arbeitsmarktdienstleistungen zugelassen werden, die unter anderem ihre Leistungsfähigkeit und Zuverlässigkeit nachweisen, qualifiziertes Personal einsetzen und ein System zur Sicherung der Qualität anwenden."
Das klingt holprig und verwirrend zugleich.
Schade, dass die „Leichte Sprache" so wenig Anwendung findet.

Für mich bedeutet das im Klartext, dass jedes Ausbildungs- und Weiterbildungsunternehmen nachweisen muss, dass es Personal einsetzt, das über die Kompetenzen verfügt, behinderten Menschen eine personenorientierte Ausbildung zukommen zu lassen, dass ein gelebtes Qualitätsmanagement vorhanden ist, natürlich ein verbindliches Konzept, einheitliche Dokumentationspflicht…

Sehr wichtige Komponenten m.E. sind das Personal und die räumlichen Möglichkeiten.

Ich erkläre das an dieser Stelle etwas ausführlicher, damit sie meinen Unmut, der in den folgenden Wochen bei mir entstand, besser nachvollziehen können.

Wie bereits erwähnt, schaute ich mir in den kommenden Wochen die unterschiedlichen Bereiche an.
Lernte die Mitarbeiter und Maßnahmeteilnehmer kennen, verschaffte mir einen Überblick im Umgang mit dem Qualitätsmanagement, die Erledigung der administrativen Aufgaben, beobachtete die Menschen bei der Arbeit, gesellte mich zu den Teilnehmern, ließ mich in verschiedene Aufgaben einweisen, nahm manchmal an den gemeinsamen Mahlzeiten mit den Teilnehmern teil, war bei den Besprechungen dabei und stellte Fragen zu allen Bereichen.
Wenn es nötig war, nutzte ich den Computer der Bildungsbegleiter, nachdem ich mich rückversichert hatte, dass er nicht benötigt wurde, machte ich mich mit Intranet und Qualitätsmanagement vertraut. Studierte Akten, fragte bevorstehende Termine ab und war den ganzen Tag beschäftigt. Mittlerweile war mein Büro in einem erträglichen Gelbton (der andere wurde wahrscheinlich mangels Nachfrage nicht mehr hergestellt) gestrichen, ein Computer und Drucker installiert und mein Bürostuhl geliefert worden. Ich hatte eine Erstbestellung für alle notwendigen Schreibutensilien getätigt und war somit immer unabhängiger und handlungsfähiger. Die Lieferung der Möbel zog sich noch etwas hin.

Ich surfte durch´s Internet, blickte dort in andere Bildungsbereiche, kämpfte mich durch Gesetzestexte durch, lieh mir den Kommentar von Herrn Oberschlau (ein eigener für mich erschien ihm überflüssig).

Mein Wissen wuchs stetig und gleichzeitig meine Begeisterung für diesen Bereich.

Ich freute mich schon abends auf den nächsten Arbeitstag.

Das Einzige was mir Bauchschmerzen bereitete, waren die Mitarbeiter.

Bis auf eine sehr liebenswürdige und engagierte Mitarbeiterin verhielt sich der Rest eher unfreundlich bis feindlich. Ich erlebte Situationen, die meine übelsten Albträume übertrafen.

Und ich kann immer noch nicht glauben, dass diese Menschen in einem sozialen Bereich tätig sind. Ich verstehe bis heute nicht ihre Motivation, mich derart menschenverachtend behandelt zu haben.

Ich wurde ausgegrenzt, rausgeschmissen, ignoriert, mir wurde vorgegeben, was meine Aufgabe zu sein hatte und was nicht, es wurde mit mir in einem unmöglichen Ton gesprochen.

Rückblickend kann ich sagen, dass es an vielen Tagen ein Spießrutenlauf war.

Jeden Tag konnte ich mir die Gründe ihrer beruflichen Unzufriedenheit anhören, zu wenig Geld, Scheiß-Chefs, alles Wichtigtuer und, unterschwellig natürlich, dass ich eine ähnliche Wichtigtuer-Position innehatte.

Ihr Hauptanliegen an mich war die Durchsetzung einer höheren Eingruppierung. Wenn ich nach der Begründung fragte, konnte man bei der Ausführung glauben, dass sich ihr Tätigkeits- und Verantwortungsbereich nur minimal von dem eines Managers unterschied. Allerdings geschah das wohl hinter verschlossenen

Türen oder nach Feierabend. Ich stellte schnell fest, wieso die Bürostühle von höherer Qualität sein mussten, bei der Belastung. Ich erlebte wie Heilerziehungspfleger zu Psychotherapeuten mutierten - ganz ohne Ausbildung - ganz grandiose Arbeit.

Sie maßen sich an, dass ihre Ausbildung und jahrelange Berufserfahrung - ich rede hier von Mitarbeitern meist unter 30 Jahren - über das höchste Maß hinaus ausreichend sei für eine adäquate psychotherapeutische Begleitung der psychisch behinderten Menschen. An manchen Stellen wurde mir himmelangst bei so einer Kompetenzfehleinschätzung. Fast alle ortsansässigen Neurologen waren aus ihrer Sicht Stümper.

Nur sie - sie waren die wirklichen Helden der Nation - die Retter der armen Seelen. Sofern sie ihnen sympathisch waren; die, die das nicht waren, mussten leider so manche demütigende und verachtende Behandlung über sich ergehen lassen.

Sicherlich - es gibt Momente, da benötigt ein psychisch behinderter Mensch jemanden zum Zuhören. Aber wo ist die Grenze des Zuhörens und ab welchem Moment MUSS ich diesen Menschen, aus Verantwortungsbewusstsein, an seinen Therapeuten verweisen. Wo liegt mein Schwerpunkt? Was sind meine Aufgaben?

Wenn ich bis dahin den Schilderungen meines neuen Chefs hinsichtlich diesen Standorts wenig Beachtung geschenkt hatte und die Überheblichkeit besessen hatte zu glauben, dass alles gut wird, wurde ich nun eines Besseren belehrt.

Dieses Büro war schlauchig, ein Schreibtisch halbrund an die Wand gebaut, in der Mitte stand ein Computer. Er bot drei Arbeitsplätze, der Bildschirm befand sich auf einem schwenkbaren Arm und konnte bei Bedarf dem jeweiligen Kollegen zur Verfügung gestellt werden. Im Rücken dieser

Kollegen stand ein Tisch mit zwei Stühlen. Hier durfte ich Platz nehmen und vorzugsweise unterhielten sich die Menschen dort mit mir zugewandtem Rücken. Wenn ich Fragen stellte, antworteten sie auch gerne ohne Positionsveränderung. Sehr angenehmes Gefühl. An der Art und Weise, wie sie mit mir sprachen, merkte ich, dass sie Ein- bis Zwei-Wort-Sätze bevorzugten, aber aufrecht konnten sie schon gehen. Sie wiesen mir den Aktenschrank zu und damit war ihre Zusammenarbeit mit mir für sie erledigt. Etwas ausschweifender wurde eine der Mitarbeiterinnen als es darum ging, mir zu erklären, was alles nicht meine Aufgabe sei. Dies tat sie mit durchdringendem Blick und erhobenem Zeigefinger - während sie mich maßregelte, erinnerte ich mich an die französische Bulldogge meiner Nachbarin. Es war nicht erlaubt, dass ich an Gesprächen mit den Teilnehmern teilnahm. Aha, erst mal speicherte ich einfach nur die Informationen. Diese Regelung führte dazu, dass ich mehrfach täglich das Büro zu verlassen hatte und auf dem Flur darauf warten konnte, wieder reingerufen zu werden. Auch hier stand ihr nur ein beschränkter Wortschatz zur Verfügung. „Frau Tondra, sie müssten dann…" begleitet von einem zur Tür weisenden Zeigefinger. Diese Behandlung fand ich schon am ersten Tag sehr veränderungswürdig. Diese Mitarbeiterin schien hier das Regiment zu führen und entweder parierten alle oder ihre Missmutigkeit wandelte sich in Feindseligkeit. Mich beschäftigte die Frage, was dieser Frau so Schreckliches im Leben widerfahren war, dass sie so sein musste. Es ist kein wirklich schönes Gefühl, sich die ganze Zeit als aufdringlicher Parasit zu fühlen, und ich war froh, dass der Tag sich dem Ende neigte. Da ich am nächsten Tag etwas aus meinem Büro brauchte, nutzte ich die Zeit, um meinen Chef nach seiner Einschätzung dieser Vorgehensweise zu fragen. Ich war mir ja nicht sicher, ob eine Teilnahme an den Gesprächen zu meinem Aufgabenbereich gehörte. Für mein Verständnis schon, ich wollte aber nicht unnötig für Aufregung sorgen und dann zurückrudern müssen. Also sprach ich ihn am nächsten Tag darauf an und er bekräftigte meine Meinung und gab mir den Rat, zum wiederholten Male, mir nicht die Butter vom Brot nehmen zu lassen.

Ich begab mich wieder in die Höhle der französischen Bulldogge, ach nee, des Löwen, heißt das ja.

In naher Zukunft standen die Werkstattratswahlen an und es galt die Frage zu klären, ob Menschen aus dem BBB wahlberechtigt und wählbar sind.

Ich dachte mir nichts Böses dabei, als ich anfing zu recherchieren. Der eine sagte ja, der andere nein, aber eine schlüssige oder gar gesetzliche Erklärung konnte keiner geben. Laut Werkstätten-Mitwirkungsverordnung §10 sind alle Werkstattbeschäftigten wahlberechtigt. §11 regelt die Wählbarkeit. Wählbar sind alle Wahlberechtigten, die am Wahltag seit mindestens sechs Monaten in der Werkstatt beschäftigt sind. Zeiten des Eingangsverfahrens und der Teilnahme an Maßnahmen im Berufsbildungsbereich werden angerechnet. Jetzt galt es für mich noch zu klären, sind Teilnehmer Werkstattbeschäftigte? Diese Antwort fand ich im SGB IX §36 Rechtsstellung der Teilnehmenden. Dort steht eindeutig, sie sind KEINE Arbeitnehmer im Sinne der Betriebsverfassung, also nicht wählbar.

Ich freute mich, zur Lösung beigetragen zu haben.

Es war nur nicht die gewünschte Lösung, aus der Sicht der Mitarbeiterin sollten die Teilnehmer wählbar sein.

Hups, schade zweiter Preis.

Es entfachte sich eine hitzige Diskussion über meinen Kopf hinweg. Ich versuchte meine Erkenntnisse zu erklären und die Gesetzesgrundlage zu erläutern.

Es interessierte sie einfach nicht.

Fakten zählten nicht.

Mein Einwand, dass diese Wahl dann angefochten werden konnte, zählte ebenfalls nicht.

Eine Parkuhr hätte mir aufmerksamer zugehört.

Shit, jetzt hätte ich natürlich gerne in den Kommentar geschaut, aber der war ja woanders.

Im Laufe des Tages ging es immer wieder um dieses Thema, aber meine Meinung war nicht gefragt. Ich muss zugeben - jetzt geriet ich so langsam auf Drehzahl. Auch wenn ich an diesem Tag geahnt hätte, dass mir danach ein Mensch auf jeden Fall die Feindschaft erklärt, ich wäre mir treu geblieben. Ich fuhr an den anderen Standort, hier wollte mich eh niemand, und bat meinen Chef um den Kommentar zum SGB, um diese Frage zu klären. Zuerst war er selbst auch noch davon überzeugt, dass die Teilnehmer wählbar sind. Ein zweiter Kollege wurde hinzugerufen, dann noch eine Kollegin. Oh Gott, was hatte ich denn hier veranstaltet. Endlich wurde in den Kommentar geschaut. Und voilà, Teilnehmer des BBB waren nicht wählbar. JA, ich verspürte Genugtuung! Ich kopierte den Kommentar und freute mich auf den nächsten Tag.

Aber auch hier war die Kollegin entwicklungsresistent; was bedeutet schon ein Kommentar im Gegensatz zu ihrer Rechtsauffassung? Sie hatte eine Anfrage im Internet gestellt und wartete gespannt auf die Beantwortung. Ich verkniff mir die Frage, wo sie denn die Anfrage gestellt hatte. Im Internet findet man ja sehr, sehr viele Fachleute, die ihr Wissen kostenlos in jedes

Forum stellen. Und auf den Wahrheitsgehalt dieser Antworten kann man sich blind verlassen. Das sind alles studierte Juristen, die vor lauter Langeweile ihre Freizeit mit kostenloser Rechtsberatung im Internet verbringen. Die sind so sozial, die wollen nichts verdienen. Versuchen Sie es ruhig in ihrem nächsten Widerspruch, beziehen Sie sich auf die Aussagen von „Majestät1602" aus dem Gute-Frage-Chat. Nein, nehmen Sie auf keinen Fall einen Paragraphen, die sind eh überholt. Interessiert niemanden, was da drin steht - schon gar nicht eine Verwaltungsbehörde.

Sie hat mir nie erzählt, wie die Antwort lautete, aber da sie danach anfing, die Teilnehmer gegen mich aufzubringen, indem sie ihnen erklärte, ich sei verantwortlich für ihre Nichtwählbarkeit, war Antwort genug.

Als ich dann bei der nächsten Gelegenheit, als sie mich wieder des Büros verweisen wollte, darauf hinwies, dass wir gemeinsam nach einer anderen Lösung suchen mussten, lief das Fass über.

Aus ihren Augen sprach der blanke Hass.

Aufgebracht und laut redete sie auf mich ein, was ich mir einbilden würde. Auch wenn ich innerlich sehr aufgeregt war, versuchte ich äußerlich die Fassung zu wahren und meine Meinung verständlich rüberzubringen. Sie unterstellte mir, dass ich die Anwesenheit des Werkstattleiters ausgenutzt hätte, um sie in ein schlechtes Licht zu rücken.

Ich blieb ruhig und bei meiner Meinung. Ich saß auf einem Bürostuhl und sie baute sich vor mir auf. Ihr formloser und voluminöser, hochgewachsener Körper versperrte mir die Sicht auf alles andere.

Wut macht Menschen ja auch nicht hübscher, woll. Vielleicht hätte jemand anderes Angst in dieser Situation gehabt, aber ich

trage immer ein imaginäres Messer in meiner Tasche, das mir
jederzeit in Notwehr erlaubt, mein Gegenüber aufzuschlitzen.
Das hilft, probieren Sie es einfach in der nächsten Situation aus.
An eine Klärung war an dieser Stelle nicht mehr zu denken.
Wahrscheinlich niemals.
So verging der dritte Tag und ich ging erschöpft und demotiviert
nach Hause.
Auf so einen Menschen konnte ich gut und gerne verzichten,
hätten ihre Eltern damals nicht ins Kino gehen können.
Ich wollte das Handtuch schmeißen.
Ernsthaft.
Meine Familie baute mich auf und glaubte an mich, das half mir,
mich dieser grausamen Situation weiter zu stellen.
Ich versuchte noch ein klärendes Abschlussgespräch
hinzubekommen - was aber ziemlich daneben ging. Sie blieb bei
ihrer Meinung, erklärte mir noch, dass ich ihr vom ersten Tag an
unsympathisch gewesen sei, aber jetzt hätte sich das Ganze noch
gesteigert und sie wolle nicht mit mir arbeiten.
Ich könne mich mit den Akten beschäftigen, das wäre meine
Aufgabe und aus allem anderen hätte ich mich rauszuhalten.
Wissen Sie, ich bin kein Lämmlein und auch nicht Ghandi, leider.
Wenn mich jemand Arschloch nennt, kommt er nicht ungeschoren
davon, mein Selbstwert ist mir heilig. Ja, viele Menschen sagen,
schweigen hilft, mir nicht. Meine Zunge kann schärfer sein als
jedes Ihnen bekannte Schneidewerkzeug.
Vom Regen - unter Umgehung der Traufe - in die Scheiße.
Ich brauchte eine klare Stellenbeschreibung.
Ich vereinbarte einen Gesprächstermin mit meinem Chef.
In diesem Gespräch setzte ich ihn von den Vorfällen der letzten
Woche in Kenntnis und zum wiederholten Mal schien er

erschüttert. Er fragte mit sichtlichem Unbehagen:"Halten sie ein gemeinsames Gespräch mit dieser Dame für sinnvoll?" Vielleicht wäre das an dieser Stelle sinnvoll gewesen, ich aber bildete mir ein, dass das nur für weiteren Unfrieden sorgen würde. Ich wollte jetzt auch kein Riesenfass aufmachen, ich wollte einfach nur, dass er wußte, dass es in diesem Bereich große Schwierigkeiten gab.

Meine Forderung nach einer klaren Stellenbeschreibung blieb ungehört. „Steht doch alles in der Stellenausschreibung!", er wirkte schon ein wenig genervt, was mich wiederum auch nervte. Wieso sträuben sich die Verantwortlichen - gerade im sozialen Bereich - eine klare Stellenbeschreibung zu verfassen? Damit ließen sich viele Querelen im Keim ersticken.

Ganz, ganz toll!

Wir plauderten noch ein wenig über meine weiteren Erfahrungen und über meine zukünftigen Pläne.

Ich hatte ja jetzt schon einiges gesehen, vieles beobachtet und erlebt, mich durch Akten gewühlt, Dokumente verglichen, die Antworten auf meine Fragen sortiert, die Teilnehmer oder, vielleicht besser gesagt, die Kunden bei der Arbeit beobachtet usw.. Im Internet recherchierte ich auf den Seiten anderer Anbieter, verglich und das für mich Interessante und Spannende speicherte ich ab.

Es gab so viele tolle Ideen.

Die Erfahrungen mit der Zertifizierung waren ja bei allen noch nicht groß. Der Anfang war gemacht, jetzt ging es an den Feinschliff und um die Einhaltung der gesetzlichen Vorschriften. Ich bin kein Paragraphenreiter, aber im Laufe meines Lebens habe ich gelernt, dass die Einhaltung von Gesetzen für die Prüfer sehr wichtig ist und sie dann auch bereit sind, in der individuellen Gestaltung etwas freizügiger zu sein.

Unser Arbeitgeber wünschte eine Veränderung, wenn auch aufgrund einer gesetzlichen Forderung, aber das öffnete Tor und Tür.

Es gab Gestaltungsmöglichkeiten! So etwas ist doch wunderbar! Wenn man anderen etwas beibringen möchte, sollte man es mit Freude und Enthusiasmus tun, von der Sache überzeugt sein, authentisch sein, eine gute Verbindung zwischen Herz und Hirn haben, Vorbild sein, offen für Neues und jederzeit bereit sein, das Gelernte nochmals zu lernen, durch mein Gegenüber.

Dinge, die sich bewährt haben, zu behalten und bei Bedarf zu verändern. Wenn anfänglich gute Ideen sich als Flop herausstellen, beim Kunden nicht ankommen oder der erhoffte Erfolg ausbleibt, sollte man diese in den Schredder schmeißen.

Es reicht nicht, wenn die Akten gesetzeskonform geführt werden, Fristen eingehalten werden und ansonsten war es das.

Ich wertschätzte die Arbeit der Bildungsbegleiter, schob aber hinterher, dass ich aufgrund der Forderungen einigen Veränderungsbedarf sah.

Natürlich wollte er auch wissen, wie die Kollegen zu einem eventuellen Standortwechsel standen. Derzeit gab es fünf Standorte mit insgesamt zehn Mitarbeitern. Es stand im Raum, diese Standorte zusammenzulegen. Dies war bei neun auf absoluten Widerstand getroffen, auf keinen Fall. Ihre Begründungen waren fadenscheinig, es gab sehr wenige Kontakte untereinander und Austausch sah ich zum jetzigen Zeitpunkt nicht wirklich.

Meine Idee war es, eine Arbeitsgruppe zum Thema Standortwahl zu gründen, dies sollte auch dazu dienen, sich gegenseitig besser kennenzulernen und gemeinsam und kompetent über eine Zusammenlegung des BBB nachzudenken. Ich sah in einer

Zusammenlegung sehr viele Vorteile. Man verteilt ja selten eine Berufsschule auf die gesamte Stadt und das hat gute Gründe.

Auch haben wir als Familie nicht vier Ein-Zimmer-Wohnungen an verschiedenen Standorten gemietet mit jeweils einer Küche und einem Bad, auch wenn das an manchen Tagen vielleicht eine Option wäre.

Ich sah auch große Möglichkeiten darin, zehn verschiedene Charaktere mit den unterschiedlichsten Kompetenzen zusammenzubringen.

Was für ein Potential.

Machen wir uns nichts vor, es gibt sehr wenige Menschen, die wirklich alles können. Spontan fällt mir nur eine Person ein, aber die lassen wir jetzt mal außen vor.

Eine von diesen wenigen sitzt vor diesem Computer und schreibt! Hahaha.

Bin ich jetzt etwa wieder die Einzige, die lacht?

Ernsthaft jetzt.

Der eine ist gut in der Vermittlung von theoretischen Kennnissen, der Nächste in praktischen, der eine mag Sport, der Nächste Entspannung und so weiter und so fort. Eigentlich überflüssig diese Erklärung.

Teamgespräche wären leichter, Reflexionsgespräche ebenso, Fort- und Weiterbildungsmaßnahmen könnten eher den Vorlieben entsprechend gewählt werden und trotzdem allen Teilnehmern zur Verfügung stehen, und - ein sehr wichtiger Aspekt - eine Gruppe von zehn Leuten kann sehr stark sein, wenn sie ein gemeinsames Ziel verfolgt.

Ich erwähne hier nochmals, dass es bei den meisten Mitarbeitern eine große Unzufriedenheit mit ihrem Job gab.

Meine Idee war es, eine bundesligareife Mannschaft zu schaffen, das Potenzial war vorhanden, davon war ich überzeugt. Vielleicht würden sich im Laufe der Zeit Menschen verabschieden, vielleicht aber auch nicht.

Mein Chef selber hatte noch keinen klaren Standpunkt zu dieser Frage und irgendwie beschlich mich das Gefühl, dass auch er sich mit Veränderung schwer tat.

Gerne würde ich mir einige andere interessante Bildungsbereiche anschauen, immer in Begleitung von ein bis zwei Bildungsbegleitern aus unterschiedlichen Bereichen. Ich hatte schon erste Kontakte hergestellt.

„Wozu soll das denn gut sein?" lautete die erste Frage.

Ich hatte Werkstätten herausgesucht, die auf ihrer Internetseite einen attraktiven und innovativen Berufsbildungsbereich beschrieben, und die Umsetzung dessen würde ich gerne mit eigenen Augen sehen.

In einer Werkstatt bauen die Teilnehmer während der gesamten BBB-Zeit eine Marionette ihrer Wahl - sozusagen ein Gesellenstück.

Eine andere Werkstatt hat ihren gesamten BBB außerhalb der Werkstatt platziert - wie sind deren Erfahrungen?

Die andere backt Bio-Brot nach Hildegard von Bingen Rezept.

Einfach mal über den Tellerrand schauen und Ideen sammeln.

Feuer wieder entfachen.

Mitarbeiter miteinander bekannt machen.

Stunden könnte ich jetzt damit verbringen, nur um diese eine Frage zu beantworten.

Vielleicht reicht: Man muss das Rad nicht immer neu erfinden.

„Ja, das können Sie ja machen, hier in der Umgebung, vielleicht die und die Werkstatt."

Aller Anfang ist schwer.

Dann teilte ich ihm noch mit, dass ich gerne eine Fortbildung zur AZAV machen würde. Wir einigten uns darauf, dass ich verschiedene Angebote einholen und diese dann vorlegen sollte.

Dann wollte ich noch mit einem Rahmenplan für die BBB Zeit beginnen und mich mit den Modulen beschäftigen, auch dazu hatte ich viele Anregungen im Internet gefunden.

Damit wurde ich wieder in meinen Arbeitstag entlassen.

Ich erwähnte ja bereits, dass eine Kollegin sehr motiviert und freundlich zu mir war. Mit dieser Frau wollte ich zusammenarbeiten. Das machte richtig Spaß. Auch wenn es ihr an manchen Stellen unangenehm war und sie dies auch kommunizierte, ließ sie mich an ihrer Arbeit teilhaben. Ich durfte über ihre Schulter schauen, sie erklärte mir ihre Beweggründe und wir arbeiteten im Team. Ich präsentierte ihr meine Ideen, sie ergänzte, ich entwarf, sie verbesserte, wir diskutierten - herrlich. Wir erarbeiteten ein neues Modul, bauten auf und ab, machten Fotos, ich ließ mir die einzelnen Vorgänge von einer Teilnehmerin erklären, wer kann es besser, als der, der es macht. Wissen Sie, wie stolz diese Teilnehmerin war, als sie mir ihre Arbeitsgänge präsentierte, als sie die Fachfrau war.

Auch ihr Kollege, mit dem sie das Büro teilte, war mir wohlgesonnen und beäugte als Fachmann unsere Arbeit und empfand diese Veränderung als lange fällig. Auch er brachte sich mit ein, er stand kurz vor seinem Ruhestand und warnte mich vor so einigen Kollegen. Manche Geschichten konnte und wollte ich nicht glauben. Es machte Spaß mit ihnen zu arbeiten.

Auf diese beiden Kollegen freute ich mich jeden Tag. Ich liebte diese Arbeit schon jetzt und ich hatte Angst, dass meine Zeit bis zur Rente nicht reichen könnte, alle meine Ideen zu verwirklichen.

Zwischendurch suchte ich den BBB im gleichen Gebäude auf, fragte nach aktuellen Ereignissen, erzählte von meinen Ideen, versuchte sie in den Prozess mit einzubeziehen, was sich allerdings als schwierig erwies. Freude stand nicht auf ihrem Tagesplan.

Ein Teilnehmer bereitete den Bildungsbegleiterinnen gerade große Schwierigkeiten. Ein Heranwachsender mit „großer Klappe" in der Gruppe, in Einzelgesprächen aber relativ gut erreichbar, geringe Impulskontrolle, aggressives Verhalten bei Überforderung, wahrscheinlich lernbehindert, vermeintliche kognitive Unterforderung im BBB aus seiner Sicht, konnte sich schlecht an Absprachen halten, die meisten Arbeiten erledigte er auch ohne große Probleme, aber zum damaligen Zeitpunkt wäre er auf dem ersten Arbeitsmarkt mit Pauken und Trompeten untergegangen.

In seiner Freizeit hatte er keinen Kontakt zu geistig behinderten Menschen. Mit seinen Freunden feierte, kiffte und soff er. Zuhause herrschten desolate Zustände und er musste sich an vielen Stellen selbst versorgen. Hiermit schien er sichtlich überfordert, er war ungepflegt und wirkte auf mich ziemlich verloren. Seine Stimmung konnte von jetzt auf gleich kippen, in solchen Situationen ärgerte er vorzugsweise Schwächere auf eine unschöne Art und Weise.

In einigen schwierigen Situationen war ich dabei und konnte leider bei den Bildungsbegleiterinnen viel Überforderung und Fehlverhalten feststellen. Diesen Jungen wollten sie einfach nicht, das war von Anfang an klar.

Ihre Art und Weise mit ihm zu reden war an manchen Stellen sehr unverschämt, besonders wenn man beachtet, dass er als Kunde ihre Daseinsberechtigung war.

Ich glaube nicht, dass man jeden auffangen kann, aber ein Versuch ist es wert.

Mir erschien es an dieser Stelle erst mal wichtig, dass er eine
Bindung zu einer festen Bezugsperson aufbauen konnte, mit der er
dann im zweiten Schritt Regeln und Werte erarbeiten konnte.
Danach konnte man beginnen, eine positive Selbsteinschätzung zu
erarbeiten, sein Selbstwertgefühl zu stärken und seine Arbeits- und
Lernmotivation zu steigern. Er übernahm gerne „größere
Aufgaben", die die anderen nicht konnten. Das sollte und musste
man langfristig nutzen.

Ich bot an, die Bildungsbegleiter bei dieser Aufgabe tatkräftig zu
unterstützen und regelmäßige Gespräche in meinem Büro mit ihm
zu führen. Ich vermutete auch, dass der größere Altersunterschied
es ihm vielleicht erleichtern könnte, etwas anzunehmen.

Mit ungläubigen Augen und heruntergeklappten Kiefer starrten
sie mich an. „Was, wieso, das kriegen wir schon hin und wenn er
nicht pariert, fliegt er halt raus. Im nächsten Fachausschuss wird er
persönlich vorgestellt und muss sich dann dort verantworten."

Jetzt klappte mir wahrscheinlich der Kiefer herunter. Diese Frauen
waren noch keine dreißig Jahre alt, also selbst noch nicht so weit
von der Pubertät entfernt, sie mussten sich doch erinnern, wie das
gewesen ist.

Aber wenn ich die zwei so betrachtete, konnte ich mir kaum
vorstellen, dass sie mit ihren Kumpels gefeiert haben.

Einhaltung von Regeln ist wichtig, Eigenverantwortung
übernehmen ist wichtig, keine Frage, aber solche Menschen
fordern uns heraus, unsere professionellen Möglichkeiten
auszuschöpfen. Wenn das geschehen ist und keine
Verhaltensänderung erreicht wurde, ja, dann sollte als letzte
Konsequenz der Abbruch einer Maßnahme erfolgen.

Selbstverständlich kann auch die persönliche Vorstellung im

Fachausschuss eine Maßnahme sein, um dem Teilnehmer Eigenverantwortung zu übertragen, keine Frage.

Aber jetzt mal ehrlich.
Sie reiten doch auch nicht zuerst ihr Pferd und putzen es dann. Nein, an Schlecht-Wetter-Tagen stapfen Sie durch aufgeweichten, morastigen Boden, holen Ihr Pferd dort ab, wo es steht. Müssen sich vielleicht noch gegen andere eifersüchtige oder ranghöhere Pferde behaupten. Mittlerweile ist Ihnen die eiskalte Brühe schon wieder in ihre knöchelhohen Stiefel gelaufen. Dann putzen und pflegen Sie ihr Pferd. Verantwortungsbewusst. Denn sie wissen, Dreck in den Hufen, Schmutz unter dem Sattel wird Reiter und Pferd unnötige Schwierigkeiten bereiten. Und endlich nach dieser langwierigen Arbeit können Sie endlich zum eigentlichen kommen - dem Reiten. Der zeitliche Aufwand für diese relativ kurze Reitphase ist enorm hoch. Gewissenhafte Vor- und Nachbereitung sind für ein gemeinsames Wachsen ausschlaggebend.
So kann man seine Arbeit auch betrachten.
Insgesamt war die Haltung der Bildungsbegleiter zu den Teilnehmern stark negativ gefärbt. Die einen waren kindisch und dadurch anstrengend, der andere Hypochonder und die dummen Eltern der deutschen Sprache nicht mächtig, die andere dick, der nächste doof, der nächste wieder ungepflegt, weil die Bündchen seiner Jacke etwas schmutzig waren und er nicht jeden Tag eine neue Hose trug.
Hallo, diese Menschen befanden sich an ihrem Arbeitsplatz, selbst auf'm Bau habe ich nicht jeden Tag eine neue Arbeitshose angezogen.
Egal, was ich sagte, entweder stimmte der Ton nicht oder inhaltlich war es falsch - ich konnte nichts richtig machen.

Als ich freudig von meinem Büro und meinen Möbeln erzählte, triefte die Verachtung der einen Kollegin bei jedem Wort aus ihr heraus:"Ach, für Sie geht das? Wir durften keine Möbel aussuchen und eine eigene Farbe wählen. Hier könnte auch mal wieder gestrichen werden, hier wird ja auch gearbeitet. "

Je lauter sie wurde, desto mehr schmerzte ihre eh schon unangenehme Stimme in meinen Ohren.

Es war mir ein Graus, ihren geistigen Müll zu ertragen, ich konnte ihre Stimmen nicht mehr ertragen, ihre biedere Kleinkariertheit trieb mich in den Wahnsinn. Ich wollte nichts mehr hören von Hund und Freund, von Erfolgen und Krankheiten, von verachtenden Äußerungen den Vorgesetzten, Kollegen und Teilnehmern gegenüber, all das hatte ich jetzt schon über. Ich wollte mit ihnen an neuen, eigens erschaffenen Bedingungen arbeiten.

Die Module wollte ich durch Power-Point-Präsentationen erweitern, gerne würde ich einen Unterrichtsraum etablieren, Stundenpläne einführen, langfristig eine Art Lehrwerkstatt. Ich schlug vor, das gemeinsame Frühstück vom Speisesaal in den BBB zu verlegen. „Hä, wieso das denn, wofür soll das gut sein?" tönte es in meinen Ohren.

Vermittlung von lebenspraktischen Fähigkeiten, Selbständigkeit, Selbstbestimmtheit, Gesundheitsbewusstsein, Entwicklung eines Gemeinschaftsgefühls und noch tausend andere Gründe. Langfristig hätte ich auch gerne eine Lernküche initiiert, in der regelmäßig Mahlzeiten zubereitet worden wären. Ja, kochen. Vielleicht werden jetzt einige Leute denken, klar, kochen und das nennen Sie dann arbeiten. Ja, das ist Arbeit, über Einkauf, Zubereitung, gemeinsam essen bis hin zum Aufräumen. Darin involviert sind Budgetverwaltung, Verkehrstraining,

Hygieneschulung, Erlangung von lebenspraktischen Fähigkeiten und vieles mehr. Wissen Sie, was viele Teilnehmer von nicht behinderten Jugendlichen im gleichen Alter unterscheidet: Sie wollen lernen, sie haben Lebensfreude, sie kommen gerne zur Arbeit und können sehr stolz sein, auf ihre Arbeit, die „von außen betrachtet" für viele nur klitzekleine Fähigkeiten sind. Idealerweise würde in diesen Kocheinheiten ein Kochbuch entstehen, das die Teilnehmer am Ende ihrer Ausbildung mitnehmen könnten.

Wenn es richtig gut lief, könnte man diese Kochbücher in der werkstatteigenen Druckerei drucken lassen und später verkaufen.

An einem Tag benötigte ich einen Tacker, die Kollegin reichte ihn mir und ich stellte fest, dass er leer war. Ich fragte nach Klammern, aber sie wollte diesen Tacker unbedingt selbst auffüllen. Wenn ich das auch gerne selbst erledigt hätte, gab ich ihn ihr zum Auffüllen.

Später wurde diese Situation so erzählt, als hätte ich den leeren Tacker wutentbrannt über den Schreibtisch gefeuert und die sofortige Auffüllung gefordert. Verlogenes Pack!

Zwischendurch vereinbarte ich immer mal wieder Gesprächstermine mit meinem Chef, um ihn auf dem Laufenden zu halten, aber auch um seine Zustimmung für meine Vorgehensweise zu erhalten.

Zur Zeit war ich mit der Entwicklung eines Rahmenplans für die gesamte BBB-Zeit beschäftigt. So wie Ausbildungsrahmenpläne in der freien Wirtschaft existieren. Struktur, Transparenz, Verbindlichkeit, die es dann professionell zu füllen galt. Er schien zufrieden mit dieser Vorgehensweise und versicherte mir, dass er sich das schon vor vielen Jahren so vorgestellt hatte, es jedoch keine gesetzlichen Forderungen danach gab und damit keine

Gelder. Das konnte ja nur heißen, dass ich auf dem richtigen Weg war. Die Schwierigkeiten mit den Bildungsbegleitern bagatellisierte ich etwas, wies aber schon darauf hin, dass ihre Angst vor Veränderung ihre Mitarbeit lähmte. Gab mich aber optimistisch hinsichtlich Zukunftsperspektiven. Mit genügend Geduld, Kompetenz, Enthusiasmus und Zeit würde uns das schon gemeinsam gelingen. Und das war auch meine Überzeugung. Sicherlich nicht ohne Konflikte, dessen war ich mir bewusst. Ich war zufrieden mit dem Gespräch.

Eines Morgens traf ich zufällig die heranrückenden Praktikanten der nahegelegenen Förderschule für Geistige Entwicklung. Oh, shit, diesen Termin hatte ich total vergessen. Vor ein paar Wochen hatten sie gemeinsam mit ihren Lehrern einen Besuchstermin im BBB, bei dem ich anwesend war. Nun stand der Beginn ihres dreiwöchigen Praktikums an. Selbstverständlich begrüßte ich alle und begleitete sie in den BBB. Soweit ich mich entsinne, hatte ich dies auch mit den zwei Grazien vom BBB ausgemacht, vielleicht war es aber auch nur gedanklich für mich selbstverständlich. Wir trafen auf die Bildungsbegleiterinnen. Es war nichts vorbereitet, erst jetzt wurde angefangen, mit lautem Getöse Stühle für alle an einen Tisch zu zerren und dann schon wieder eine doofe Vorstellungsrunde durchzuführen. Die hatten wir schon vor drei Wochen, es war klar, wer kam. Das könnte man ja auch irgendwie netter gestalten. Ein paar Kekse, ein paar Getränke, Material zur Erstellung eines Namensschilds vielleicht, die anderen Teilnehmer involvieren, Kennenlernspiele - Ideen gab es genug für einen gelungeneren Start wie diesen. An dieser Stelle ist ja zu beachten, dass diese Menschen die potentiellen Kunden für eine Werkstatt darstellen. Ich war auch anwesend bei einer

Informationsveranstaltung für Eltern, deren Kinder für die Werkstatt in Betracht kamen. Ich konnte dort bei einigen eine regelrechte Ablehnung der Werkstatt feststellen, aus Angst, wenn ihr Kind hier einmal landen würde, niemals wieder raus käme. Vielleicht nicht ganz unberechtigt und für einige auch zum jetzigen Zeitpunkt tatsächlich die beste Lösung. Im Zuge der Inklusion wird sich daran zukünftig etwas ändern. Auch im Bereich Öffentlichkeitsarbeit sah ich Handlungsbedarf, natürlich auch mit dem Hintergrund, den BBB zu professionalisieren. Ich hatte auch schon Kontakt zu einer Lehrerin der Berufspraxisstufe aufgenommen und mit ihr die Möglichkeiten durchgesprochen. Sie war offen und freundlich und freute sich darüber. Meine Vorstellung war, gemeinsam mit zwei Bildungsbegleitern und zwei Teilnehmern den BBB in Wort und Schrift den potenziellen neuen Teilnehmern vorzustellen. Dies wäre aber erst im kommenden Jahr auf dem Programm gewesen. Die Monopolstellung der Werkstatt befindet sich in der Auflösung und in naher Zukunft muss jede Werkstatt mit der Konkurrenz um den ersten Platz rangeln und das geht in der Regel nur über Qualität und Professionalität. Ich erspare Ihnen hier weitere persönliche Gedanken.

Nun gut, irgendwie ging diese Situation vorüber und ich suchte mein Büro auf. Allerdings war mir klar, dass wir diese Situation nochmals reflektieren müssten.

Gegen Feierabend suchte ich den BBB wieder auf, um den Verlauf des ersten Tages zu erfahren. Meine Herren, was da auf mich zukam, ich war mehr als überrascht und entsetzt. Was ich mir denn bitte einbilde, ungefragt, ungewünscht und unverschämterweise einfach an diesem Tag teilzunehmen. Ob ich ihre Arbeit überprüfen und kontrollieren wollte, es gehöre nicht zu meinem Aufgabengebiet und ich hätte dort nichts zu suchen. Sie redeten sich mit hochroten Köpfen richtig in Rage. Meine Frage, was denn daran jetzt so einschneidend gewesen wäre, dass eine derartige Reaktion notwendig mache, blieb unbeantwortet. Sie wollten das alles nicht und diese Begründung müsste reichen und außerdem wäre es störend. Für wen wurde nicht geklärt. So langsam aber sicher platzte mir die Hutschnur. Vielleicht war es inhaltlich diskussionswürdig, vielleicht war ich zu forsch, aber das rechtfertigte weder diesen Ton, noch die Ablehnung - langsam ekelte mich besonders die eine Kollegin mit ihrem Pinschergehabe an. Mein Einwand, dass ich zukünftig an den Fachausschusssitzungen teilnehmen sollte und dadurch selbstverständlich auch den Anspruch hatte, die Teilnehmer persönlich zu kennen, wurde mit großen Augen und einem schrillen: „Das ist nicht Ihre Aufgabe, das machen wir!" aus ihrem wutverzerrten Mund geblafft. Aha, da hatte sie wohl andere Informationen als ich. Das hatte hier wirklich keinen besonderen Nährwert. Dass sie sich später gegen die Etablierung dieser Stelle durch meine Person aussprachen und mich mit Lügengeschichten in den Dreck zogen, galt einzig und allein ihrem Selbsterhaltungstrieb. Wir hätten sehr viel Spaß miteinander bekommen. Unverschämte Gören.

Nach ca. zehn Wochen gab es ein Teamgespräch mit dem Sozialen Dienst, dem Leiter der Sozialen Dienste und mir. Es stand eine längere Abwesenheit einer Kollegin des Sozialen Dienstes bevor und es sollten noch anstehende Arbeiten verteilt werden. Kurz vor Ablauf meiner Probezeit würde dieses Gespräch sicherlich dafür genutzt, mir ein Feedback zu geben, dachte ich. Ich sortierte mich und bereitete mich darauf vor. Das Gespräch handelte von diesem und jenem und neigte sich dem Ende, kein Ton zu meiner Arbeit. Spontan bat ich um ein Einschätzung meiner Arbeit. Große entgeisterte Augenpaare starrten mich an und nach einem Moment der Stille wurde mir mitgeteilt, dass es dafür ja noch zu früh sei und jetzt sogar nicht in diesen Rahmen passen würde.

Aha!

Für mich befremdlich, immerhin waren ja schon 10 Wochen von 12 um.

Eine Woche später traf ich in einer Produktionsgruppe zufällig auf meinen Chef, er sprach mich an und erkundigte sich nach meinem Befinden. Ich bezog diese Frage auf meinen aktuellen Zustand und dementsprechend fiel meine Antwort sehr positiv aus, da die Beendigung des ersten Moduls bevorstand. Wir wollten ihn dann auf Praktikabilität mit Unterstützung der Teilnehmer überprüfen. Er forderte mich auf, ihm in ein nahegelegenes Büro zu folgen, und spezifizierte seine Frage darauf, dass es um die gesamte Arbeit ginge. Ich teilte ihm meine Begeisterung und meine Freude mit und dass ich mir eine Fortsetzung sehr wünsche. Ich mochte sein Lächeln, das mir das Gefühl gab, sein Herz und seine Augen seien miteinander verbunden. Und genauso lächelte er mich an und sagte, dass er einer fruchtbaren Zusammenarbeit entgegensah.

Können sie sich vorstellen, wie mein Herz hüpfte?

Ich freute mich auf die Zukunft.

Das konnte doch nur eine Zusage sein.

Die letzte Woche zog ins Land und ich gab Gas. Die Weihnachtsfeier stand bevor und darauf lag nun der Schwerpunkt aller Arbeiten. Zwischendurch nahm ich noch an der Weihnachtsfeier meiner bisherigen Wohngruppe teil und erzählte hier von meinen Erfahrungen. Alle schienen davon überzeugt, dass diese Katze im Sack war, in mir allerdings loderten ein paar Zweifel, ich wollte meiner Freude erst richtig freien Lauf lassen, wenn wirklich alles schriftlich fixiert war. Irgendetwas in mir schien eine Vorahnung zu haben.

Am Montag, den 09.12. lief meine Probezeit ab, am Freitag, den 06.12.13 spielte mein Chef den Nikolaus höchstpersönlich und steckte mich in den Sack, nicht ohne mich noch vorher ordentlich mit der Rute zu malträtieren. Kurzfristig bat er mich in sein Büro, um das Gespräch mit den Worten zu eröffnen:"Ich habe eine schlechte Nachricht für Sie."

Dachte ich anfangs noch an einen gelungenen Scherz, traf mich die Wahrheit mit voller Wucht.

„Nach Rücksprache mit den Bildungsbegleitern muss ich Ihnen leider mitteilen, dass Sie diese Stelle nicht haben können."

Wie bitte? Mir blieb die Spucke weg und in meinem Gehirn machte sich eine unendliche Leere breit.

Nach einem Moment der Erstarrung bat ich um nähere Erläuterung. Die Überbringung dieser Nachricht fiel ihm sichtlich schwer und unangenehm zu sein. Er teilte mir mit, dass zwei Kollegen, die er namentlich nicht nennen wollte, mit ihrer Kündigung gedroht hätten und der Rest die Einrichtung dieser Stelle für überflüssig hielten und auch mit meiner Person nicht zufrieden seien. Er erzählte mir Geschichten, deren Inhalt schlicht und ergreifend erfunden waren. Phantasie hatten diese Menschen ja, schade, dass sie sie nicht für ihre Arbeit nutzten. Ich musste mich wohl oder übel geschlagen geben - keine Chance. Ich verließ das Feld allerdings nicht ohne vorher meinen Standpunkt klar zu machen und auch darauf hinzuweisen, dass mir diese Entscheidung doch sehr schleierhaft vorkam, nachdem er mir eine

Woche vorher noch mutmachenderweise eine fruchtbare Zusammenarbeit prognostiziert hatte. Er war doch letztendlich von der Kompetenz meiner Arbeit angetan gewesen, fand meinen Umgang und mein Zugehen auf die Werkstattmitarbeiter vorbildlich, sah die Ängste der Kollegen doch ähnlich lähmend wie ich. Und jetzt das!

Was an diesem Freitag geschah, haute mich vollends aus den Socken. Ich verstand die Welt nicht mehr, stellte meine Menschenkenntnis in Frage und war innerlich total verwundet. Dieses Verhalten war unfassbar.

Meine Chefin und ihr Stellvertreter waren ähnlich schockiert wie ich, aber das half mir im Augenblick nicht mehr.

Ich verkroch mich in mein sicheres Zuhause.

Nach mehreren Bierchen und sich stetig steigernder Ungläubigkeit schrieb ich folgenden Brief an den Leiter der Sozialen Dienste:

Sehr geehrter Herr…,

jetzt, nachdem sich der Schock ein wenig gelegt hat und ich einigermaßen wieder Boden unter den Füßen habe, ist es mir ein großes Bedürfnis, Ihnen noch ein paar Zeilen zukommen zu lassen.

Diese ganze Aktion erscheint mir grotesk und unwirklich.

Ja, an manchen Stellen sogar absolut nicht nachvollziehbar und gar menschenunwürdig.

Die …. fordert zu Recht Sensibilität, Verständnis und Loyalität für ihre Werkstattbeschäftigten und Bewohner - aber bei den Arbeitnehmern scheinen diese Forderungen keinen Wert zu haben.

Von Anfang an war diese Aktion zum Scheitern verurteilt und leider habe ich mein Bauchgefühl ignoriert.

Ich werde jetzt hier nicht mehr auf das unmögliche Bewerbungsprocedere eingehen.

Von Anfang an war Ihnen klar, wie schwierig die Positionierung und Etablierung dieser Stelle sein würde - das haben Sie mir an mehreren Stellen ja persönlich mitgeteilt - umso mehr wäre es aus meiner Sicht von Nöten gewesen, dass Sie als Befürworter dieser Stelle Position und Rückgrat beweisen.

An keiner Stelle haben Sie persönlich Kritik an der Art und Weise meiner Vorgehensweise geäußert - und ich habe Sie ja mehrfach um ein Feedback gebeten. Ganz im Gegenteil, meine Vorschläge und Ideen fanden Ihre Zustimmung, da sie selbst schon vor langer Zeit diese Ideen gerne verwirklicht hätten.

Standort xy wurde mir von Anfang an als schwierig präsentiert, seien es die Mitarbeiter der einzelnen Abteilungen oder die Königsposition des Sozialen Dienstes dort.

Ich gestehe, etwas angespannt bin ich diese Situation angegangen, und es war mir klar, dass ich von Anfang an Position beziehen muss, wenn ich auch nur ansatzweise meine Füße auf den Boden bekommen möchte. Nach meinem Verständnis sollte eine Leitung u.a.über Einfühlungsvermögen, aber auch über klare Ziele und Rückgrat verfügen und Loyalität seinem Arbeitgeber gegenüber haben. Das habe ich dort getan und ich betone es an dieser Stelle zu wiederholtem Male: Es war die Hölle dort vor Ort. Ich bin in meinem Leben noch nie so schlecht behandelt worden. Ich bin auch noch nie so viel fehlender Loyalität einem Arbeitgeber gegenüber begegnet. Ich habe auch noch nie so anmaßende Persönlichkeiten hinsichtlich ihrer Kompetenzen erlebt.

Ich habe Ihnen diese dort erlebten Situationen geschildert und Sie schienen sichtlich erschüttert, dass die Ablehnung durch die Bildungsbegleiter Ihre Vorstellungen und Befürchtungen um ein Vielfaches überschritten hat. Sie haben mich gefragt, ob ich erwarte, dass Sie ein gemeinsames Gespräch mit den Kollegen und mir führen, dieses habe ich verneint. Dieser Meinung bin ich immer noch, allerdings muss ich Ihnen mitteilen, dass ich als Leitung diesen Menschen Feuer unter'm Hinter gemacht hätte und zwar richtig. Wir haben uns mehrfach darüber ausgetauscht, wie schwierig das Einrichten einer neuen Leitungsstelle ist. Ich wollte mich dieser Herausforderung stellen und aus meiner Sicht habe ich nichts über das Knie gebrochen. Ich bin in unmögliche Situationen geraten. Situationen, in denen ich fassungslos daneben stand, wenn Mitarbeiter unmögliche Äußerungen von sich gaben. Vielleicht habe ich an manchen Stellen eine unangenehme Position bezogen, die dazu geführt hat, dass sich diese Menschen gegen mich ausgesprochen haben.

Letztendlich war die Vorstellung der BBBler an meine Position, ihre irrationalen Gehaltsvorstellungen bei ihrer fragwürdigen Leistung durchzusetzen, ihren Wünschen nach Kontinuität und Stabilität hinsichtlich der Standortfrage des BBB zu entsprechen. Auch hier habe ich wahrscheinlich zu früh zu erkennen gegeben, dass ich der Meinung bin, dass dies, nach gewissenhafter Prüfung vieler Komponenten, an anderer Stelle entschieden wird.

Exemplarisch schildere ich Ihnen zwei von täglichen Situationen und ihre Meinung würde mich interessieren.

Frau x und besonders Frau y, die in dieser Situation wie ein wildgewordener Spitz wirkte, haben mir in unhaltbarem Ton mitgeteilt, nachdem ich es „gewagt" habe, unaufgefordert in der Einführungsrunde der Praktikanten von Schule XY zu erscheinen, dass dies so nicht gewünscht sei und ganz gewiss nicht zu meinem Aufgabenbereich gehöre. Besuche, die über eine kurze Zeit hinausgehen, sollte ich bitte vorher anmelden, da auch dies störend sein könnte. Herr .... es tut mir leid, da fehlt mir jedes Verständnis, egal wie lange ich darüber nachdenke. Für längere Gespräche habe ich immer vorher einen Termin vereinbart - wenn diese Termine auch kategorisch von den beiden Grazien verschoben wurden - aber Ton und Inhalt gingen mal so gar nicht. Wie an vielen Stellen zuvor habe ich

versucht, den Ängsten und Bedenken der Mitarbeiter mit Geduld und
Zuversicht zu begegnen.
Vielleicht hätte ich mich besser bei Ihnen beklagt.

In der Weihnachtszeit wurde ja heftigst dekoriert u.a. viele Lichterketten -
das Ganze wirkte auch sehr heimelig und gemütlich. Dass der
Werkstattleiter, der ja auch für die Sicherheit der Menschen zuständig ist,
sich anmaßte, eine Überprüfung durch den Sicherheitsbeauftragten zu
veranlassen, stieß auf große Kritik. Ich erspare Ihnen die unflätigen und
menschenverachtenden Äußerungen zur Person des Werkstattleiters dieser
hinterhältigen Mitarbeiterinnen und teile Ihnen nur mit, dass auch dies als
kompetenzüberschreitend erachtet wurde.
Wer überschritt denn hier seine Kompetenz?
Mein Einwand, dass dies zum Aufgaben- und Verantwortungsbereich des
Werkstattleiters gehört, hat mir keinen großen Freudentaumel beschert.

Ich bin auch freundlichen und offenen Menschen begegnet und das waren
nicht nur die Werkstattbeschäftigten.
Mein ganz besonderer Dank für die Offenheit, den Mut und ihre
Unterstützung gilt Frau …BBB, Herrn … Gruppenleiter und Herrn …
Sozialer Dienst, die mir immer freundlich und unterstützend zur Seite
standen.

Ein Bereich wird mir mit seinen klaren Strukturen und Regeln positiv in
Erinnerung bleiben und mich immer daran erinnern, wie wichtig
Transparenz für eine angenehme Arbeitsatmosphäre sind.

Was soll ich noch lange schreiben. Ich denke, Ihre Entscheidung war
absolut daneben, und das hängt hier gar nicht mit meinen Kompetenzen

zusammen. Diese Entscheidung hätte meines Erachtens auf anderer Ebene entschieden werden müssen.

Sie haben jetzt den Grundstein dafür gelegt, dass egal wer diese Position besetzen wird, entweder nach der Pfeife der BBBler tanzt oder keine Chance hat.

Ich persönlich bedauere es sehr, denn die Aufgabe hat mir große Freude bereitet, und ich fühlte mich den Anforderungen gewachsen.

Sie haben Recht, dank der Unterstützung und Wertschätzung meiner bisherigen Chefin und ihrer Vertretung werde ich nicht arbeitslos.

Aber wer auch immer diese Stelle besetzen wird, falls Sie weiterhin Ihrer Position treu bleiben, wird u.U. nicht aufgrund fehlender Kompetenzen arbeitslos, sondern aufgrund persönlicher Befindlichkeiten einiger inkompetenten Mitarbeiter.

Ich wünsche Ihnen eine angenehme Adventszeit, schöne Weihnachtsfeiertage und einen guten Start in ein gesundes und erfolgreiches Jahr 2014.

Mit freundlichen Grüßen

…

Natürlich erhielt ich nie eine Antwort.
Und natürlich wurde die Stelle bis heute auch nicht neu ausgeschrieben und glauben Sie mir, falls das so sein sollte, spiele ich mit dem Gedanken, mich wieder zu bewerben.
JETZT habe ich ja Erfahrungen im Berufsbildungsbereich.

Letztens traf ich Herrn Oberschlau und wissen Sie, was dieser dicke Mann sich erlaubt hat.
Er lächelte mich an und zwinkerte mir zu und was mache ich?
Lächelte zurück!

Aber das war das letzte Mal.

Sollte er das noch einmal wagen, zerlege ich ihn in Lummerkoteletts, Nackenbraten und Eisbein.

Wie sagte einst Gabriel Laub: „Die Mathematik lehrt uns, dass man Nullen nicht übersehen darf."

Die Heimaufsicht

Die Heimaufsicht ist zuständig für die Durchführung und
Kontrolle des Wohn- und Teilhabegesetzes.
Zu den wesentlichen Aufgaben zählt die Überwachung der
Altenpflegeeinrichtungen und der Behindertenhilfe durch
regelmäßige und / oder anlassbezogene Prüfungen.

Als „Anwalt der Betroffenen" achtet sie darauf, dass die Würde,
die Rechte sowie Interessen und Bedürfnisse der Bewohnerinnen
und Bewohner von Heimen im Sinne des Heimgesetzes gewahrt
bleiben.
Seit Januar 2009 prüft sie mindestens einmal jährlich die o.g.
Einrichtungen - angemeldet und / oder unangemeldet.

Sie ist für jedermann Anlaufstelle für Beschwerden über o.g.
Einrichtungen.
Sie fungiert auf Antrag als beratende Behörde bei der Schaffung
von neuen Einrichtungen.

Alles in allem eine gute Idee.
Es kann ja nicht schaden, wenn objektive fachkompetente
Menschen von außen kommen und die Arbeit und Einrichtungen
für alte und behinderte Menschen begutachten,
Verbesserungsvorschläge machen, Anregungen erteilen, Fehler
kritisieren und deren Beseitigung erwirken und im schlimmsten
Fall auch Einrichtungen schließen…
Betriebsblindheit entsteht im Laufe der Jahre - ob man will oder
nicht.

Als sich die Heimaufsicht das erste Mal ankündigte, hielt sich die Begeisterung der Leitungsebene sehr in Grenzen.

Mir war das schlicht und ergreifend egal.

Ich stehe zu meiner Arbeit, glaube aufgrund meines Größenwahns, dass ich wenige bis keine Fehler mache und wenn, auch nicht schlimm.

Grob fahrlässig sind keine meiner / unserer Fehler.

Und dann erschien die Heimaufsicht - unangemeldet.

Und natürlich macht auch nur eine unangemeldete Prüfung Sinn.

Unser Haus ist 24 Stunden geöffnet - jederzeit kann sich die Heimaufsicht zu uns gesellen - sich unter das Volk mischen, uns bei der Arbeit beobachten, unsere außergewöhnliche Atmosphäre genießen, sich mit BewohnerInnen unterhalten.

Den Anspruch zu erheben, dass Hausleitung, Gruppenleitung und MitarbeiterInnen sofort Zeit haben müssen, ist etwas vermessen.

Natürlich erhalten die Gruppen sofort telefonisch Bescheid: Achtung Heimaufsicht im Anmarsch.

Letzte Handgriffe, hier noch ein Desinfektionsmittel in Sicherheit bringen.

Oh shit, es stehen noch Straßenschuhe im Wäscheraum.

Ab in meinen persönlichen Spind.

Und dann erscheint die gute Frau.

Sie betritt die Gruppe.

Kein „Guten Tag" - den Bewohnern wird nichts erklärt. Nicht wer sie ist, was sie will. Nichts.

Sie wahrt ja die Interessen und die Würde der Bewohnerinnen und Bewohner.

Ist doch total normal - privat wohne ich sehr ländlich und hier genießen viele Spaziergänger diese Gegend.

Selbstverständlich erscheinen sie manchmal einfach in unserem Wohnzimmer, kein „Guten Tag", reißen einfach unsere Schränke auf…

Normal !!!!

Und natürlich wird erstmal geprüft, was messbar ist.

Dokumentation!

Ich halte Dokumentation aus mehreren Gründen für wichtig - Überschaubarkeit, Transparenz und Kontrolle - hauptsächlich Eigenkontrolle, eher im Sinne von Gedächtnisstütze.

Das Abzeichnen der Medikamentenliste zum Dienstschluss lässt mich noch mal kurz innehalten und überprüfen, ob ich auch tatsächlich alle Medikamente gegeben habe.

Aber mir soll doch bitte keiner erklären, dass eine gute Dokumentation auch eine gute Arbeit an und mit den BewohnerInnen gewährleistet.

Das ist lächerlich!

Ich kann die Medikamente auch unterschreiben, obwohl ich sie nicht gegeben habe.

Ich kann im Förderplan schreiben, dass ich täglich Esstraining durchführe, dass ich basale Stimulation durchführe, dass ich ganz tolle pädagogische Arbeit durchführe, obwohl ich nichts dergleichen tue.

Ja, denken Sie jetzt vielleicht, die BewohnerInnen könnten befragt werden und man könnte mir so auf die Schliche kommen.

Diese Befragung stelle ich mir äußerst amüsant vor.

Wenn die stark übergewichtige BewohnerIn Stein und Bein schwört, dass sie seit Tagen nichts zu essen bekommen hat. Wenn Sie während der Befragung in die Hölle geschickt werden oder in abfälliger Weise zum Geschlechtsakt aufgefordert werden, selbstverständlich ohne Mitspracherecht.

Wenn nach Ihnen geschlagen oder gespuckt würde während der Befragung.

Ach, herrlich diese Vorstellung!

Die Frau hat doch nicht nur keinen „Guten Tag" gewünscht, sie hat auch niemanden direkt angesprochen.

Klar, unsere Leute sind behindert, aber deshalb kann ich doch mit ihnen sprechen, wenn ich mir einen Überblick über ihre Lebensqualität machen möchte.

Wenn ich selber mit ihnen rede, kann ich vielleicht nachvollziehen, wieso es so unendlich schwierig ist, hinter ihre Wünsche und Abneigungen zu kommen.

Na ja…

So, dann kann es losgehen, tönt es aus ihrem Mund!

Akte von …, Medikamentendosette dazu.

Und jetzt wird gesucht.

Und es wird natürlich gefunden.

KEIN verordnetes Isomol vorrätig - ha, was für ein Fauxpas, was für ein Vergehen, ich hänge am Haken.

Isomol (Wirkstoff: Macrogol) gehört zur Gruppe der Abführmittel. Ich erspare Ihnen jetzt weitere Einzelheiten.

Viele unserer Bewohner benötigen diese Hilfsmittel für eine einigermaßen funktionierende Verdauung.

Dank unserer Gesundheitsreform dürfen die meisten unserer Bewohner dieses Mittel von ihrem Taschengeld in Höhe von € 107,73 bezahlen.

Ganz ruhig - nicht schnauben!

Natürlich sind unsere Bewohner von den Zuzahlungen zu Leistungen der Krankenkassen befreit und gelten als chronisch krank. Sie zahlen lediglich einen jährlichen Beitrag von € 47,88 - bei dem Taschengeld ist das ja rein gar nichts.

Kann die Obstipation (Verstopfung) auf folgende Erkrankungen zurückgeführt werden, ist Isomol erstattungsfähig: Tumorleiden, Megacolon, Divertikulose, Divertikulitis, Mukoviszidose, neurogene Darmlähmung, bei phosphatbindender Medikation bei chronischer Niereninsuffiziens, Opiat- sowie Opioidtherapie.

Zur Information: Häufigste Ursache beim chronischem Megacollon (ballonartig ausgeweiteter Darm) ist eine lang anhaltende chronische Verstopfung. Witzig oder?

Vielleicht ist einigen der Lesern bekannt, wie unwohl man sich fühlt, wenn´s mit dem „Kacken" nicht funktioniert.

Häufige Nebenwirkungen von Verstopfung sind: Müdigkeit, Übelkeit, Schwindel, Kopfschmerzen, Schwitzen, Blähungen, Schlafstörungen, Magenschmerzen, Libidoverlust etc.

Bei immerhin 1-4% treten Nebenwirkungen auf wie: Depressionen, Stimmungsschwankungen, Aggressivität, Gereiztheit, Angstzustände.

Super, dann können wir ja gleich mit dem Schinken nach der Wurst werfen.

Saving the penny and losing the pound!

Ich habe schon Menschen erlebt, die psychotisch wurden, wenn´s nicht klappte - ernsthaft.

Um unsere Leute zu unterstützen achten wir u.a. auf verdauungsfördernde Ernährung und natürlich auf ausreichende Flüssigkeitszufuhr.

Und natürlich ordern wir für sie in Klinikgröße, um Geld zu sparen.

Eine 50 Beutel Packung kostet ca.€ 35,00, eine 100 Beutel Packung ca.€ 53,00 - also 100er Packung.

Manche kommen damit drei Monate hin - manche einen Monat und jetzt rufen Sie sich bitte die Taschengeldhöhe zurück ins Gedächtnis.

Hinzu kommt noch, dass die Bewohner bei einigen Medikamenten trotz Befreiung eine Zuzahlung leisten müssen. Dies ist der Fall, wenn ein Arzt ein ganz bestimmtes Medikament mit einem Preis über dem Festbetrag verordnet. Normalerweise verschreibt der Arzt heute meist nur noch den Wirkstoff und die Apotheke sucht das günstigste Medikament heraus.

In dem oben genannten Fall allerdings nicht. Hier wird auf dem Rezept vermerkt, dass ausschließlich dieses Medikament geliefert werden soll.

Der Arzt macht das nicht unbedingt, weil er der Krankenkasse Mehrkosten verursachen möchte oder er besondere Vorteile davon hat, sondern weil sich dieses Medikament als besonders wirksam und / oder verträglich herausgestellt hat und unter Umständen nicht noch zusätzlich Verstopfung als häufigste Nebenwirkung hat..

Jaaaaa, ich weiß, es gab und gibt sicherlich auch andere Fälle. Ich möchte an dieser Stelle nicht über Pharmaskandale schreiben, nicht über milliardenschwere Umsätze dieser Industrie, auch nicht darüber, dass diese teilweise mehr Geld für Werbung als für Forschung und Entwicklung ausgiebt.

DAS ist ein ganz anderes Thema!

Gutgläubig wie ich bin, gehe ich jetzt mal davon aus, dass der Arzt dem Bewohner XY dieses Medikament verschreibt, weil es in der Kombination mit anderen Medikamenten in seiner Wirksamkeit und seiner Verträglichkeit, DAS Mittel der Wahl ist.

Passiert auch nicht wirklich häufig.

Mittlerweile ist es üblich, dass die Namen der Medikamente und der Hersteller bei jeder neuen Lieferung wechseln - natürlich nicht der Wirkstoff.

Wenn es aber von Nöten ist - zack - € 7,83 Zuzahlung zum Beispiel.

Wird auch vom Taschengeld bezahlt!

Ziehen wir also von den monatlichen €107,73 die monatliche Zuzahlung von €3,99 (47,88:12) ab, im Extremfall €53,00 für Isomol und eine Zuzahlung von €7,83, bleiben dem Bewohner noch €42,91 an Taschengeld.

Na ja, in unserem Fall möchten die Bewohner selten ihr Geld für Sex&Drugs ausgeben, am ehesten für Rock ´n´ Roll.

Aber zurück zur Heimaufsicht und dem nicht vorhandenen Isomol für diese Bewohnerin.

Wir haben mindestens 500 Beutel im Vorrat - aber keinen für diese Bewohnerin!

Stop!

Falls Sie jetzt denken sollten: Dann nimmt man halt solange einen Beutel von den anderen.

NEIIIIIN, das geht gar nicht - das ist verboten.

Dass das Isomol schon bestellt ist und am späten Nachmittag von der Apotheke geliefert wird, kann sie auch nicht beruhigen.

Sie hat Lunte gerochen und sucht weiter.

Alle Mitarbeiter wirken etwas eingeschüchtert, etwas verunsichert.

Schließlich kann diese Institution Bußgelder verhängen und schlimmstenfalls eine Einrichtung schließen.

Auch ich bin schüchterner als sonst, etwas verhalten.

Diese Frau ist derart unsympathisch, dass ich sie am liebsten des Hauses verweisen, aber auf jeden Fall mit ihr streiten möchte.

Ihre Haare sind strähnig, ihre Nägel lang und schmutzig und ihr Sozialverhalten wurde ja bereits beschrieben.

Hier wäre ein Förderplan vonnöten.

Aber sie hat Macht und das genießt sie.

Ich versuche es mit geheucheltem Charme, mit triefender Ironie und ich sehe den verzweifelten Blick unserer Pflegedienstleitung, der mir flehenderweise signalisiert: Einfach mal Fresse halten, Tondra.

Mache ich ja auch.

Die gute Frau prüft weiter.

Währenddessen betritt ein Kollege das Zimmer einer Bewohnerin.

Leise öffnet er die Tür, schlüpft hinein und kommt 5 Minuten später wieder heraus.

Blafft das ungewaschene Frettchen, ohne einen Hauch von Würde oder Freundlichkeit in ihrer Stimme, den verschüchterten Kollegen an: „Wie steht es eigentlich mit ihrer Menschenwürde? Wie kann es sein, dass sie einfach in das Zimmer eines Menschen hineintreten ohne anzuklopfen!"

Da mein Kollege nach dieser Ansprache handlungsunfähig ist und wahrscheinlich alle Kraft dafür verwenden muss, nicht spontan seine Blase zu entleeren, antworte ich für ihn.

Selbstverständlich klopfen wir bei den meisten Menschen in unserer Einrichtung an - dies wäre ihr bekannt, wenn sie sich vielleicht einfach mal ein bis zwei Stündchen in unsere Gruppe setzen und unsere Arbeit beobachten würde. An diese Tür wird nicht geklopft, weil die Bewohnerin beim Erschrecken epileptische Anfälle bekommt. Sie erschrickt durch plötzliches Niesen, Husten, Türe zufliegen oder auch beim Anklopfen an ihre Zimmertür, wenn sie in ihrem Bett liegt.

Gerne würde ich hinzufügen, wie kann es sein, dass Sie es wagen, Ihre Stimme derart unfreundlich in unserer Gruppe einzusetzen, BewohnerInnen und KollegInnen zu verschüchtern, wie kann es sein, dass ich Ihren mangelnden Pflegezustand und Ihre geistige Armut ertragen muss.

Aber meine Erklärung reicht nicht, wissen sie wieso?

Ich habe sie nicht dokumentiert!!!

Es ist ja löblich, dass sie die Situation beobachtet und uns daran erinnert, dass wir die Privatsphäre der BewohnerInnen achten.

Aber der Ton geht gar nicht!!!

Und wieso zählt ein dokumentiertes Wort mehr als das gesprochene?

Kostet sie in solchen Situationen ihre Machtposition aus, wenn sie sich benimmt wie die Axt im Wald?

Hat denn die Dokumentation, das geschriebene Wort, mehr Bedeutung als das Handeln, als die Beziehung zu den Menschen? Ist eine lückenlose Dokumentation ausschlaggebend für eine gute Lebensqualität der BewohnerInnen?

Aber auch hier vertreten wir unterschiedliche Meinungen.

Was ja auch grundsätzlich erst einmal eine Diskussionsgrundlage sein kann.

Aber in diesem Fall bedeutet es, dass wir ihre Meinung als Gottes Wort hinnehmen und ab sofort danach handeln.

In einem anderen Haus wurde in ihrem Beisein eine Bewohnerin mit ihrem Kosenamen angesprochen, auch das galt als eine sehr große Respektlosigkeit gegenüber der Bewohnerin.

Hallo? Geht´s noch!

Über Kosenamen kann man streiten, sich amüsieren, die Nase rümpfen. Vielleicht finden wir es befremdlich, wenn die Ehefrau ihren zwei Meter Mann mit 160 kg Kampfgewicht „Häschen" nennt, aber würden wir uns das Recht rausnehmen, es dieser Frau zu verbieten?

Kosenamen entstehen doch, wo Beziehungen gelebt werden - wo geliebt wird.

Ach shit, ich habe ja völlig vergessen, dass wir professionelle Distanz wahren müssen.

Liebe Leute, das geht nicht!

Ich arbeite seit über 15 Jahren hier.

Viele meiner KollegInnen sind ähnlich lange hier.

Wir verbringen mit den BewohnerInnen mehr Zeit als mit unseren PartnerInnen, Familienangehörigen - wir kennen ihre Vorlieben, ihre Abneigungen, ihre Stärken, ihre Schwächen.

Wir leiden mit ihnen, wenn sie erkranken.

Wir lachen mit ihnen.

Wir befinden uns nicht in einem Altenheim - wir befinden uns in einer Einrichtung für geistig behinderte Menschen, deren geistiges Alter zwischen 2-5 Jahren liegt.

Zu Anfang meiner Beschäftigung war ich peinlichst darauf bedacht, meine Worte dem kalendarischen Alter unserer BewohnerInnen anzupassen.

Wenn die Bewohnerin von der „Pulle-Pulle-Wanne" sprach, antwortete ich professionell: „Ach du möchtest ein Bad nehmen!".

Wenn der Bewohner in der Pflegesituation von seinem „Pipimann" sprach, antwortete ich:"Ja, ich wasche nun deinen Penis."

Herrgott, peinlich, wenn ich daran zurückdenke!

Beide wussten nicht, wovon ich rede.

Die haben wahrscheinlich auch schon gedacht: Ach du meine Güte, die Tondra, die spinnt.

All das muss ich wohl dokumentieren - tja, schade, dann bleibt sehr wenig Zeit für die „Pulle-Pulle-Wanne"!

Glauben Sie, dass Achtung, Respekt und Menschenwürde an dem Wort Pulle-Pulle-Wanne scheitert?

Das ist das Problem von vielen TheoretikerInnen: Sie können aufgrund ihrer umfassenden theoretischen Kenntnisse über ein x-beliebiges Thema hochtrabende Vorträge halten, gespickt mit, ach so wichtigen Fremdwörtern. Aber erstens versteht sie eh´ keiner und zweitens haben die Theoretiker null Vorstellung, wie es sich an der Basis tatsächlich anfühlt.

Das macht einsam, vermute ich.

Liebe Fachleute, sprecht doch die Sprache der Leute an der Basis, dann erreicht ihr sie vielleicht auch.

Vielleicht werde ich Bewunderung heischen, wenn ich demnächst das Fehlverhalten eines Mitarbeiters folgendermaßen kommentiere: Populanten von Domizilen transparenter, fragiler artifizieller silikatbasierter Außenstruktur sollten sich von der Umfunktionierung in Relation reformationsresistenterer geogener Materie zu Wurfprojektilen distanzieren.

Ob er mich allerdings versteht, sei dahingestellt.

Für manche ist ja schon die Metapher „Wer im Glashaus sitzt, sollte nicht mit Steinen werfen" schwierig zu verstehen.

Bitte verstehen sie mich nicht falsch!

Ich halte die Überprüfung von Heimen für notwendig. Ich verstehe auch die Not der Menschen, die diese Prüfungen durchführen. Es gab und gibt sicherlich Heime, die aus purer Profitgier das Wohl der Menschen ignorieren. Ein hohes Maß an Achtsamkeit von allen Seiten ist wichtig. Menschen, die nicht oder nicht mehr in der Lage sind, für sich selber zu kämpfen, brauchen eine gute Lobby. Wir werden immer mutige Menschen brauchen, die auf Missstände aufmerksam machen. Wahrscheinlich hat jede PrüferIn Angst davor, morgen in der Presse zu stehen, weil sie nicht achtsam genug war. Ich höre schon die Menge brüllen: Wo war denn hier die Heimaufsicht???

Menschen machen Fehler - auch Menschen aus dem sozialen Bereich, leider sind dann hier meistens Menschen betroffen.

Das ist schlimm - keine Frage!

Eine noch so transparente und ausführliche Dokumentation wird uns nicht davor behüten.

Vielleicht glauben Sie, dass ich meinen Arbeitgeber schön rede, dass ich zu loyal bin.

Bin ich nicht!

Unsere BewohnerInnen genießen den Standard eines 6 Sterne Hotels.

Ich wünsche mir eine gute Zusammenarbeit mit der Heimaufsicht, einen realistischen Maßstab.

Wenn ich die KontrolleurInnen ernst nehmen soll, dann sollten diese Menschen über soziale Kompetenzen verfügen.

Das fällt mir schwer, wenn im tiefsten Winter getrocknete Salzspuren im Durchgang - in einer ansonsten tip top gepflegten Einrichtung - als ein Riesendesaster angesehen werden.

Das fällt mir schwer, wenn das Pflegen mit einer Wund- und Heilsalbe aus dem Drogeriemarkt einer renommierten Firma unterbunden wird, weil es keine ärztliche Verordnung dazu gibt.

In unserer Einrichtung leben über 50 Menschen mit mannigfachen Behinderungen, psychischen Auffälligkeiten und körperlichen Gebrechen und darüber hinaus sind auch sie nicht frei von menschlichen Schwächen.

Wir haben so gut wie nie einen Dekubitus (Wundliegegeschwür), den letzten Dekubitus brachte ein Bewohner nach einem 23-

stündigen Krankenhausaufenthalt mit. Die Behebung dieses groben Pflegefehlers des Krankenhauses benötigte fünf Monate intensivster und achtsamer Pflege unsererseits.

Wie soll man ein selbstbestimmtes Leben fördern, wenn Menschen nicht in der Lage sind, Gefahren selbst einzuschätzen. Wird die Heimaufsicht sich in der Zeitung für unsere Einrichtung stark machen, weil der freiheitsliebende, allerdings orientierungslose Bewohner ganz selbstbestimmt vor ein Auto rannte?

Bitte bleiben Sie realistisch und schauen Sie dort genau hin, wo jede dritte BewohnerIn eine PEG Sonde hat!

Wo Ihnen schon im Eingang ein unerträglicher alter Uringeruch entgegenschlägt!

Schauen Sie dort einmal morgens um 5.30 Uhr vorbei, wenn eine Nachtwache bis zu 80 Menschen versorgen musste!

Schauen Sie mal in die Bilanz, wie viel Geld tatsächlich für die Inkontinenzversorgung ausgegeben wurde. Daran können Sie nämlich feststellen, wie häufig tatsächlich gewickelt wird.

Unsere Einrichtung gibt im Jahr mehr als €45.000,— nur für Windeln - aus. Refinanziert werden €25.000,—. Unsere Einrichtung braucht keine Turbowindeln mit bis zu 3,6 Liter Fassungsvermögen.

Schauen Sie doch mal auf den Wasserverbrauch der Einrichtung!

Sprechen Sie dort mit Angestellten, sofern Sie jemanden finden der ihre Sprache spricht.

Aber Vorsicht, DAS schreit nach politischen Konsequenzen - dann werden Sie unter Umständen ihrem Arbeitgeber lästig.

Hundeliebhaber

Letztens erzählte mir eine Kollegin ganz aufgebracht, dass die Deutschen mehr für den Tierschutz als für den Kinderschutz ausgeben würden.

Ich verstand ihre Aufregung nicht ganz.

Ihr, als kinderlose, aber 4fache „Katzen-Mutti" sollte doch schon klar sein, wo der Schwerpunkt liegt.

Wenn sie den Richtigen gefunden hätte, könnten wir heute wahrscheinlich mindestens vier ihrer Ableger genießen, sehr schade, dass das nicht so ist.

Aber immer mehr Menschen entscheiden sich lieber für einen Hund als für ein Kind.

Und das ist auch gut so für sie, denn Hunde und Katzen sind heute bei vielen VermieterInnen willkommener als Kinder.

Und nicht nur dort!

Machen Sie mal den Versuch und gehen mit einigen tobenden und juchzenden Kindern in den Wald. Lassen Sie sie auf Bäume klettern, im Dickicht rumlaufen, einen Staudamm bauen, Äste abreißen, Hasen und Rehen hinterher jagen, und wenn diese zu schnell sind, treffen sie sie aber vielleicht mit einer Steinschleuder.

Versuchen Sie, ihre Kinder zu überzeugen, andere Menschen anzuspringen, ihnen ihre Kinder zu entreißen oder ihnen auf den Rücken zu springen und um Süßigkeiten zu betteln.

Und falls sie ihre Notdurft verrichten müssen, dann vielleicht direkt auf dem Spazierweg.

Und jetzt beobachten Sie die Reaktion der anderen SpaziergängerInnen.

Das wird herrlich.

Wenn Sie das tun, rufen sie mich vorher an!
Ich möchte nur zugucken und zuhören.
Bitte!

Und jetzt gehen Sie doch bitte mit einigen bellenden und
spielenden Hunden in den Wald.
Diese Hunde lassen sie durch´s Unterholz jagen, Kleintiere
aufscheuchen, miteinander tollen, auf andere Hunde zurennen,
deren Herrchen oder Frauchen um Leckerchen anbetteln.

Was glauben Sie, wann Sie mehr Kontakte knüpfen?
Positive, meine ich!

Nicht dass Sie mich falsch verstehen - ich liebe Tiere.
Aber die BesitzerInnen…
Ganz besonders HundebesitzerInnen!
Ein Graus!
Bei manchen frage ich mich allen Ernstes: Haben die sonst nichts,
um das sie sich kümmern können?
Nee, haben sie nicht.
In ihrem Leben gibt es nichts außer dem Hund, ihrer HuSchu,
HuTa, Barfen oder nicht, den Foren im Internet, vielleicht haben
sie noch Kontakt zu der ZüchterIn - dieser Kontakt wird natürlich
nur aufrechterhalten, solange ihr Hund perfekt ist, ansonsten liegt
es natürlich an den katastrophalen Zuchtumständen.
Woher sollte ich, unwissende und gottvertrauende Person, denn
wissen, dass der viel günstigere Preis für meinen reinrassigen
Hund von irgendwoher kommen muss.
Ja klar, ich brauche einen Rassehund, was für eine Frage.

Aber €1.500,— dafür zahlen, ach, das ist doch völlig überzogen, die bereichern sich doch eh nur.

Wieso sollte mir etwas komisch vorkommen, wenn ich nur €500,— zahlen soll, die Übergabe in einem schummrigen Kellerraum stattfindet?

Vater und Mutter haben einen Super-Stammbaum wurde mir doch versichert.

Ob das Muttertier wohl den dritten Wurf in diesem Jahr überstanden hat.

Fraglich, woll?

Wenn der REINRASSIGE Schäferhund dann aber die Beine eines Dackels behält, ist das Entsetzen groß und es wird klagend aufgeschrien.

Zur Entschuldigung der Hundekäufer und meiner eigenen muss ich sagen, dass es auch nicht immer einfach zu entscheiden ist, woher das Tier nun kommen soll.

Nehme ich einen Hund von einer renommierten ZüchterIn, nehme ich einen aus dem Tierheim oder rette ich einen Hund aus dem Ausland.

Ich weiß gar nicht, ob andere Länder auch Tiere aus unseren Heimen holen.

Wenn man sich vorher informiert, kommt das Ausland eigentlich nicht mehr in Betracht.

In Deutschland landen jährlich 300.000 Tiere im Tierheim - mittlerweile auch, weil einige Menschen sich tatsächlich deren Unterhalt nicht mehr leisten können - anderes Thema.

Mittlerweile stehen einige deutsche Tierheime vor der Insolvenz und dennoch steigt das ehrenamtliche Engagement der Deutschen für die zu rettenden Tiere aus dem Ausland.

Wie kann es sein, dass Futterspenden von Deutschland nach Rumänien gekarrt werden und Flugpaten für Hunde aus Griechenland und Spanien an den Flughäfen händeringend gesucht werden und die Hunde in unseren Tierheimen keine Beachtung mehr finden und vor sich hinvegetieren.

Die Bilder, die uns aus dem Ausland erreichen, sind auch wirklich grausig.

Muss es erst so weit kommen, dass aufgrund fehlender Mittel auch in Deutschland mit der Tötung unserer Hunde ohne Vermittlungschancen nach einer bestimmten Zeit im Heim gedroht werden muss, damit die Menschen wieder hingucken?

Kann unser Helfersyndrom dann auch wieder mit einem einheimischen Hund befriedigt werden?

Vieles passiert aus Unwissenheit und die ausländischen VermittlerInnen verfügen über eine bessere Internetpräsenz.

Ein Tier aus hiesigen Tierheimen zu bekommen ist auch nicht immer einfach.

Je nachdem, an wen sie geraten, können sie schnell das Gefühl vermittelt bekommen, sie wollten etwas Verwerfliches.

Etwas Unanständiges.

Sie werden durchleuchtet und ziehen sich am besten an der Eingangstür direkt nackt aus - sinnbildlich gesprochen, bitte.

Ich habe ja grundsätzlich vor fremden Hunden erst mal Angst.

Ja, ist so.

So und jetzt rufen Sie sich mal Ihren letzten Tierheimbesuch ins Gedächtnis.

Kleine Zwinger und ein Wahnsinnsgebell, gefletschte Zähne, Hunde, die vor marode Gitter springen.

Nur bei dem Gedanken daran fange ich an zu schwitzen.

Angstschweiß!

Und den riechen Hunde.

Also, was könnte mir in so einem Tierheim alles passieren?

Meine Phantasie kennt da keine Grenzen.

Aber dennoch habe ich mich dorthin begeben, denn ich wollte einen Hund.

Tortur, sage ich Ihnen.

Und die Geschichten der PflegerInnen ebenso.

Zur damaligen Zeit war gerade die Kampfhunddebatte voll im Gang - Wesensprüfung, Maulkorbpflicht, höhere Steuer. Die Tierheime waren voll mit diesen Hunden. Schöne und weniger schöne saßen hinter Gittern und taten mir schon auch leid. Da schaffen sich irgendwelche Vollpfostenidioten einen Kampfhund an zur Steigerung ihres angeschlagenen Selbstbewusstseins und ihrer fehlenden körperlichen Fähigkeiten. Intelligenz lasse ich an dieser Stelle absichtlich außen vor. Versauen den Hund durch ihr verkommenes Gedankengut und wenn sie dafür zahlen sollen, hat es sich für Hector, Zeus oder Odin ausbeschützt.

Schade, denn die Vermittlung gestaltete sich damals sehr schwer.

Für mich war das jetzt auch nicht unbedingt meine favorisierte Hunderasse, ob reinrassig oder Mischling.

Ja, ich höre schon den Aufschrei von KampfhundbesitzterInnen - VORURTEIL.

Kann sein, mir sind selten freundliche Menschen mit Kampfhunden begegnet - meist waren sie etwas seltsam angehaucht.

Ich erinnere mich an ein ganz tolles Erlebnis bei einem Spaziergang mit zwei kleinen Hunden - Cairn Terrier Größe.

Ich spaziere so durch den Wald - bin eins mit dem Kosmos - tiefenentspannt.

Nimmt mein aufmerksames Auge in der Ferne einen herannahenden Menschenauflauf wahr.

Oh, denke ich, ein Bundeswehreinsatz - alle in Camouflage gekleidet. Sie bewegen sich in meine Richtung.

Eine gefühlte Hundertschaft - tatsächlich ca. 20 Menschen in Begleitung eines Hundes.

Ich atme tief durch und hoffe auf die Einhaltung der Leinenpflicht bei nicht erzogenen Hunden.

Je näher diese Masse - und nicht nur die Hunde waren massig - auf mich zukommt, desto mehr erkenne ich, dass es sich nicht um einen Bundeswehreinsatz handelt, sondern Zivilisten in Begleitung eines „kleinen, niedlichen Kampfhundes".

Vor lauter Freude macht mein Herz ein paar Sprünge mehr als zuvor.

Sowohl Hunde als auch HalterInnen supersympathisch und vertrauenserweckend - herrlich.

Mitten im Wald - ich allein.

Mit kurzem Blick auf meine zwei Begleiter kommt mir der irrwitzige Gedanke, dass ich mich retten kann, wenn ich ein kleines Amuse gueule schicke.

Sorry, Hunde, aber manchmal ist das Hemd näher als die Hose.

Ich kann nicht mehr zurück - unausweichlich gehen wir aufeinander zu.

Gerne würde ich jetzt aus der Ferne rufen: „Keine Sorge, meine Hunde beißen nicht, entspannen Sie sich."

Wahrscheinlich riechen ALLE meine Angst, bellen, höhnische Blicke, sowohl auf mich, als auch auf meine Begleithunde - Kampfhunde, die mit zwei Händen und in den Boden gerammten Füßen gebändigt werden.

Und natürlich muss mich eine junge Frau mit vorwurfsvollem und unständigem Blick anraunzen und mir die Harmlosigkeit der Gruppe erklären. Zischlaute bekommt sie keine raus - dafür fehlen vorne zuviel Zähne.

Ja, klar, ich bin sofort wieder tiefenentspannt und entschuldige mich bei der sympathischen Frau und ihren freundlichen Begleitern.

Ach, wie konnte mir das auch passieren, darf ich eine Runde Gruppenkuscheln vorschlagen?

Halt einfach die Fresse, Baby, und sieh zu, dass du deinen Hintern inklusive deinem, an der Leine reißenden Hund an mir vorbeischiebst.

Ich glaube dir kein Wort.

Ich will nicht sprechen, ich möchte einfach nur wieder atmen. Wahrscheinlich bin ich schon nachtblau im Gesicht und absolut sauerstoffunterversorgt.

Ja, stimmt, ich habe die Situation überstanden, ich wurde nicht zerrissen, aber das Bellen und das an der Leine Reißen hat mir große Angst gemacht.

Und das sinnentleerte Lächeln dieser Hundehalter war auch nicht nötig.

Anderer Zeitpunkt, gleicher Wald und wieder ich und die zwei Hunde.

Dummdidumm - wackel ich wieder tiefenentspannt durch den Wald.

Eine Frau führt ihren Rottweiler aus - in diesem Fall - ein Rottweiler führt seine Besitzerin aus.

Die Frau sieht mich, sieht die Hunde, blickt sich hektisch um und zerrt ihren Hund abseits des Weges in den Wald. Von dort ruft sie mit zitternder Stimme, gehen Sie einfach vorbei, meine Chichi macht nichts.

Chichi?

DER Hund ist, glaube ich, nicht gemeint, denn der sieht absolut nicht nach Chichi aus. Ich blicke mich suchend um, wo ist denn bloß der Yorkie mit Namen Chichi? Ich kann keinen anderen Hund entdecken. Was ich sehe und höre ist eine ältere, eher zierlich gebaute Frau mit einem riesigen Rottweiler, der kraftvoll an der Leine zerrt, angsteinflößend bellt und mir seine riesigen Zähne zeigt, mit stark erhöhtem Speichelfluss, was auf irgendetwas Appetitanregendes in seinem Blickfeld schließen lässt. Und ebendieser charmant anmutende Hund zieht das, was an seiner Leine hängt, Zentimeter für Zentimeter einfach so durch den weichen Waldboden.

Nicht von mir weg.

Auf mich zu!

Angst ist in einer solchen Situation ja wirklich überflüssig.

Hätte ja niemand außer mir.

Immerhin steht die Frau ja noch auf ihren Beinen und schreit hysterisch:„CHICHI aus, stop!"

Ich bin bewegungsunfähig, ich Trottel.

Mir fällt ein Satz einer Kommilitonin ein, als es um meine Hundeangst ging: Man findet, was man sucht, Sylvia.

Ha, DAS suche ich nicht.

Beam me up, Spoky!

Die zwei bewegen sich langsam aber stetig auf uns zu.

Mein Ende naht.

Aber ich könnte ja jetzt nicht dieses Buch schreiben, wäre es so gekommen.

Nein, ein kleiner, aber standfester Baum ist meine Rettung.

Hund rechts, Frau links, Baum mittig.

Schnell wickelt die Frau die Leine einmal um den Baum und der Hund hat keine Chance mehr.

Er hängt jetzt eher röchelnd in seinem Halsband und ich hoffe auf Materialbeständigkeit.

Siegesbewusst lächelt die Frau mich atemlos an und presst ein:"Nix passiert" heraus.

Ich sehe zu, dass ich Land gewinne.

Meine Wut auf diese Frau kocht erst in meinen sicheren vier Wänden in mir hoch, derzeit brauchen meine wackeligen Beine all meine Konzentration, damit ich nicht alle paar Meter auf der Nase liege.

Blöde Ziege.

Können Sie mir verraten, wieso dieser Hund keinen Maulkorb trägt?

Ich bin eigentlich schon durch mit der Frage.

Und natürlich möchte auch ich keinen Hund, der eine Gefahr für ein Familienmitglied darstellt.

Für einige andere HundebesitzerInnen vielleicht.

Aber ich bin vom Thema abgekommen, zurück zum Tierheim und meiner Suche nach einem Hund.

Ich schleiche also so durch die Gänge, meine Augen wahrscheinlich angstgeweitet.

Gesellt sich eine sehr junge Pflegerin zu mir.

Argwöhnisch blickt sie mich an und erzählt mir unaufgefordert die traurige Geschichte der vor uns liegenden Bull Terrier Hündin.

Diese wirkt ruhig und beobachtet uns gelassen.

Zu Anfang berührt mich ihre Geschichte und in meinem Kopf keimt der Gedanke, ob ich vielleicht doch zu viele Vorurteile habe und dieser süßen Dame ein heimeliges neues Zuhause bieten sollte.

Ich halte es kurz.

Verwahrlosung, Misshandlung, Inobhutnahme, Aufpäpplung durch's Tierheim, Vermittlung.

Schön, sehr schön, aber wieso liegt der Hund jetzt wieder in diesem Zwinger, frage ich mich.

Und da schleichen sich folgende Worte der Pflegerin in meine Ohren: „Tja, und da hat sie dann den Pudel aufgefressen, die werden wir wohl nicht mehr vermitteln."

Mir wird schlecht.

Den Pudel aufgefressen!

Ich will hier weg.

Och nö, an so einen Hund hatte ich eher nicht gedacht, versuche ich noch souverän herauszupressen.

Nee, ist klar, so einen will keiner, alle wollen einen lieben, umgänglichen, kinder- und hundeverträglichen Schleimer. Ihre Stimme trieft vor Hohn.

Ja, will ich, ist doch nicht verwerflich.

In meiner Familie gibt es viele Kinder und meine Eltern haben einen PUDEL.

Ich suche mir doch kein Auto mit Motorschaden aus, wenn ich keine Ahnung von der Reparatur habe, oder?

Sie bietet mir dann noch Welpen an.

Och, das wäre ja vielleicht was für mich.

Mit der Unterstützung einer Hundeschule würde mir die Erziehung wohl gelingen können.

Wirklich süße Mischlinge.

Herrlich.

Herzerwärmend.

Und was für eine Mischung.

Ich meine, ich würde ein kleines Aufleuchten in ihren Augen gesehen haben.

So wie ein Pokerspieler guckt, wenn sein Gegenüber siegessicher einen Vierling auf den Tisch legt und die Hände schon am Pott hat und der Andere dann leger seinen Royal Flush zeigt.

Dogge und Rottweiler-Staffordterrier Mix.

Ja, klar, drei davon auf der Stelle.

Was für Zukunftsaussichten für mich und meine damalige Freundin.

Dass wir zur arbeitenden Gesellschaft gehören, passte auch nicht so wirklich, denn mehr als 4 Stunden darf ein Hund nicht alleine sein - 20 Stunden im Zwinger schon.

In den umliegenden Tierheimen wurden wir nicht fündig.

„Tiere suchen ein Zuhause" war der nächste Versuch.

Aber wenn uns ein Hund gefiel, gab es gleich über 100 Bewerbungen aus der direkten Umgebung - auch nichts.

Also begaben wir uns auch ins Internet.

Und wir wurden belohnt.

Ein Hund aus Spanien.

Tierheim angerufen und Termin vereinbart.

Anfahrt 200 km, kein Problem.

Vorher noch mal abgesprochen, dass wir genau hingucken und uns nicht überrumpeln lassen.

Einen Tag vorher fiel noch der Auspuff an unserem Auto ab, so dass ich mir den Mercedes meines Vaters lieh.

Wir kommen also an das idyllisch liegende und wirklich gepflegte Tierheim, mit vielen großen Außenzwingern.

Riesengelände.

In jedem Zwinger laufen mehrere Hunde herum, spielen, manche bellen.

Keine Menschenseele zu sehen.

Auch auf unser Rufen reagiert niemand.

Mir ist etwas mulmig.

Meine damalige Freundin kennt so etwas nicht, also streunen wir auf dem Gelände herum.

Da sie noch nicht den Hund aus dem Internet entdeckt hat, liebäugelt sie schon mit anderen - ich bin da etwas scheuer.

Wir nähern uns einem drei Meter hohen Scheunentor - auf zwei Meter Höhe sind Fenster. Beim Passieren des Tores ertönt hinter dem Tor ein tiefes, lautes Bellen und dann sehe ich - ich schwöre - zwei Pfoten an den Fenstern.

Hahaha, diesen Hund würde ich gern näher betrachten - vis-à-vis.

Gott sei Dank taucht nun auch mal ein Mensch auf.

Er klärt uns über den Pyrenäenberghund hinter dem Scheunentor auf, erzählt ein paar Anekdoten und mir vergeht minütlich mehr der Wunsch, diesen Hund kennen zu lernen.

Wir erfahren, dass die zuständige Tierschutzorganisation in diesem Tierheim Pflegestellen für ihre Hunde hat.

Nach der Begrüßung und einem sehr freundlichen und wohlwollenden Gespräch müssen wir mit dem Auto zu einer nahegelegenen Pflegestelle fahren und dort begegnen wir zum ersten Mal „David".

Völlig unterernährt, struppig, aber frisch gebadet beäugt er uns mit eingeklemmtem Schwanz.

Dann wackelt der zweite Hund heran.

Neugierig, eher wohlgenährt, kontaktfreudig.

Voilà - die Mama „Norah".

Beide Hunde kommen frisch aus Spanien, deshalb nicht kastriert und wurden vor der Tötungsstation gerettet, nachdem die Oma verstarb und die Familie diese Hunde nicht wollte.

Eis geschmolzen, Herz erreicht, innerlich steht für mich fest: Beide oder keiner.

Uns wird noch ein wenig über die Hunde erzählt, Charaktereigenschaften und so.

Ganz unproblematische Hunde.

Wir entscheiden uns für beide.

Geht ja gar nicht anders!

Wir können doch Mama und Sohn nicht trennen!

Und wer nimmt denn dann die alte Norah mit ihren sieben Jahren?

Die Menschen herum wirken erfreut und erleichtert.

Wir zahlen €540,—.

Ach ja, David soll noch diese Tabletten zu Ende nehmen, nichts Außergewöhnliches, eher zur Vorsicht, mit diesen Worten verabschiedet sich die Dame des Hauses und drückt mir eine Packung Tabletten in die Hand.

Aufgrund der weiten Anfahrt wird auf mehrere - eigentlich übliche - Besuche verzichtet und wir können die zwei Süßen mitnehmen.

Sie kündigen allerdings mehrere Besuche in unserem Zuhause an, damit sie sehen, ob es den Hunden gut geht.

Gerne.

Norah steigt ein, nimmt Leckerchen, legt sich hin und harrt der Dinge, die da kommen - David sitzt hechelnd auf dem Sitz, nimmt keine Leckerchen und wirkt nervös.

So sitzt er drei Stunden im Auto.

Während Norah in den Pausen interessiert an allem schnuppert, etwas säuft und frisst, hier und dort markiert, ist David doch sehr, sehr schüchtern und ängstlich.

Im Auto sitzt er wieder starr auf dem Sitz, er wirkt erschöpft, nach geraumer Zeit wackelt sein Kopf leicht hin und her und sein Blick wird träge.

Wir suchen nach einem neuen Namen für ihn.

Nichts gegen David, aber unser Nachbarskind heißt auch David und wir möchten nicht Gefahr laufen, dass er demnächst auch angestürmt kommt, wenn wir unseren Hund rufen.

Und dann erinnere ich mich an Willy von der Biene Maja und, da es eine frappierende Ähnlichkeit gibt, entscheiden wir uns für Willy.

Kurz vor unserer Ankunft bricht Willy die gesamte Rücksitzbank des geliehenen und äußerst gepflegten Fahrzeugs voll.

Er schafft es hervorragend an der Decke vorbei auf´s Polster zu treffen.

Nun ja, dann ist sein Unwohlsein vielleicht auch raus.

Willy und Norah ziehen bei uns ein und nichts ist mehr wie vorher.

Norah bringt richtig Schwung ins Haus, Willy ergibt sich seinem Schicksal.

Wir haben eine Pilgerwanderung für den nächsten Tag geplant.

Erste Etappe etwa 20 km.

Sollten diese Hunde es wohl schaffen, die Leute vom Tierheim hatten auch keine Einwände und haben uns in unserem Vorhaben sogar unterstützt.

Norah ist mit Freude dabei, Willy wirkt verhalten.

Aber sie laufen.

Und laufen.

Und laufen.

Leider bekommen wir keine Unterkunft an unserem Ziel, da irgendein Kirchenfest bevorsteht.

Wir fahren mit dem Taxi zurück und sind alle frohgelaunt - die erste Etappe ist geschafft.

Die Hunde auch.

Am nächsten Morgen geht es den Füßen meiner Freundin sehr schlecht und auch die Hunde wirken äußerst erschöpft, so dass wir beschließen, dass ich alleine mit den anderen wandere.

Wirklich glücklich bin ich natürlich nicht.

Na ja, nach drei Tagen kehre ich erschöpft zurück und meine Freundin hat die Hunde schon soweit erzogen, dass sie ohne Leine laufen.

Toll!

Stapelweise Bücher über Hundeerziehung türmen sich in unserem Zuhause - wir wollen wenig Fehler machen.

Wir haben uns extra zwei Wochen Urlaub für den Empfang unserer neuen Familienmitglieder genommen und ich stecke mitten in einer umfassenden Renovierung der mindestens 100 Jahre alten Eichentreppe.

In diesem Haus müssen viele kreative Menschen gewohnt haben, denn es befinden sich mindestens sechs verschiedene Farbschichten auf der Treppe - selbstverständlich auch Ochsenblut.

Das Entfernen gestaltet sich schwieriger als gedacht und ich bin der Verzweiflung nahe.

Die Hunde kommen langsam bei uns an, Willy nur sehr verhalten. Er hat mich als sein Alphatier auserkoren. Anderen Hunden weicht er aus, versteckt sich dann schnell hinter einem Auto und leiert um die Ecke - süß.

Die anfängliche Aufregung weicht und der Urlaub neigt sich dem Ende.

Alleinbleiben haben wir schon mit den Hunden geübt, klappt prima.

Erster Tag arbeiten, nach Hause kommen, alles gut, die Hunde freuen sich sogar bei meiner Wiederkehr.

Willy wirkt jetzt schon viel entspannter.

Wieso ich ihnen das alles erzähle?

Abwarten.

Dienstag Morgen - meine Freundin verlässt schon um 4.30 Uhr das Haus - ich erst 6.20 Uhr.

5.50 Uhr gehe ich mit den Hunden spazieren - sie erledigen ihre Geschäfte und wir kehren zurück.

Ein paar letzte Handgriffe, dann noch von den Hunden verabschieden und ab zur Arbeit.

Willy ist seltsam - ich streichle ihn behutsam, als er plötzlich anfängt zu zittern, er fängt an zu hecheln, er versteift sich, seine Augen scheinen aus dem Kopf herauszutreten.

Ganz ruhig, Sylvia, ganz ruhig.

Ich lege meine Hand locker auf seinen Rücken und spreche leise seinen Namen.

Plötzlich überspannt sich sein gesamter Körper, seine Wirbelsäule biegt sich sehr stark nach oben (so, als ob er versuchen würde sich nach hinten zu dehnen) - er fühlt sich an wie ein Stock. Als ob das nicht reichen würde, dreht er sich um seine eigene Achse.

Ich habe Angst, dass der Hund jetzt stirbt - da entspannt er sich wieder - nach Luft schnappend.

Das ist eindeutig ein epileptischer Anfall und was für einer.

Jetzt geht das Ganze von vorne los.

Meine Nerven liegen blank, hätte ich doch ein
Notfallmedikament, das ich ihm jetzt geben könnte.
Ich kann nichts tun - nur versuchen ihn zu beruhigen und einfach
nur da zu sein.
Ich rufe meine Mutter an und bitte sie um Hilfe, langsam beruhigt
Willy sich.
Ich auch.
Der Tierarzt bestätigt meine Befürchtung und verordnet ab sofort
100mg Luminal.
Ich bin über die Dosis doch etwas verwundert, da eine
Bewohnerin mit dem 10fachen Gewicht die gleiche Dosis erhält.
Wir einigen uns auf 15mg.
Natürlich nehme ich Kontakt zur Tierschutzorganisation auf, aber
selbstverständlich wussten sie von nichts, was ich zu dem
Zeitpunkt auch wirklich glaube.
Ich brauche nur irgendwie Mitgefühl.
Bekomme ich auch.
Wann kommen sie denn eigentlich zu Besuch?
Bald!

Das Leben nimmt seinen Lauf, Norah sorgt für etwas schiefen
Haussegen, denn manchmal pinkelt sie in die Wohnung - zur
großen Verärgerung meiner Freundin.
Und das ist noch nett ausgedrückt - sie flippt aus.
Nein, auch ich freue mich nicht darüber, auch ich möchte keinen
Eckenpisser, aber ich bin zuversichtlich.
Das wird schon.
Mir fällt beim Gassi gehen auf, dass sie sich manchmal drei bis
vier mal hinhockt, aber nichts kommt und dann beim fünften Mal
ein Riesensee.

Ich verschlinge die Bücher und suche nach Lösungen.

Vielleicht etwas mit den Nieren.

Bei einem Spaziergang stürzt sie sich regelrecht auf einen Berg Pferdeäpfel und fängt an diese zu verschlingen.

Vielleicht ist der Hund wirklich etwas gestört.

Ich recherchiere weiter - Kalkmangel eventuell.

Magerquark soll helfen, frisst sie auch gierig auf, aber das tut sie bei fast allem.

Meine Freundin gibt ihr - entgegen meiner Warnung - einen ganzen Apfel und auch den vertilgt sie.

Lustig!

Können Sie sich vorstellen, wie witzig meine Freundin den Zustand unserer Küche am nächsten Morgen fand?

Wenn Sie gesehen hätten, wie viele Hundehaufen dort lagen und in wie vielen Seen diese schwammen, Sie könnten sich den Spaß vorstellen.

Als ich dann noch anmerkte, dass das unmöglich alles von unseren Hunden sein konnte, flippte sie komplett aus.

Rückblickend eine sehr amüsante Geschichte, damals sehr furchteinflößend.

Sie spricht von wieder Zurückbringen und so.

Ich lese, beobachte und untersuche den Hund.

Ja, ich bin nämlich spätestens nach drei Hundebüchern auch schon Tierärztin geworden.

So ist das bei mir.

Mittlerweile sind die Hunde 27 Tage bei uns.

Meine Freundin ist schon schlecht gelaunt im Bett verschwunden.

Ich streichle also die kleine Norah und taste ihren Bauch ab, stelle Fragen, die unbeantwortet bleiben.

Ich stelle fest, dass der Bauch ziemlich hart ist.

Vergleiche den Zustand mit Willy´s Bauch.

Der ist viel weicher, aber er ist auch immer noch viel schlanker als Norah, trotz der Diät.

Ich untersuche sie noch mal.

Kann festere und wenig festere Regionen feststellen.

Ich lese nach.

Niereninsuffizienz lese ich.

Ich lese aber auch Trächtigkeit.

Da wächst doch stetig die Hoffnung.

Bei meiner letzten Untersuchung habe ich das Gefühl, dass Norah etwas unter sich macht.

Ich denke noch, jetzt bloß kein Theater, machst du einfach morgen früh weg.

Ich gehe auch ins Bett.

Natürlich erzähle ich meiner wirklich extremst angenervten Freundin von meinen Erkenntnissen.

Tod oder Welpen.

Ja, ja, Frau Doktor, ist klar.

Natürlich gebe ich mein Wissen noch gerne weiter.

Sie dreht sich rum und schläft.

Nächster Morgen 3.45 Uhr MEZ.

Heftiges Rütteln an meinem Arm und die seltsam veränderte Stimme meiner Freundin reißen mich aus meinen süßen Träumen.

WIR haben Welpen.

Als ich Sekunden später vor ihrem Körbchen hocke, muss ich tatsächlich weinen.

Drei klitzekleine Welpen liegen neben einer völlig erschöpften und spindeldürren Norah - strähniges Fell und gottergeben liegt sie dort.

Wir sind überfordert und rufen den Tierarzt an.

Alles gut, Heizung hoch drehen und Ruhe behalten.

Aus dem hiesigen Tierheim erhalten wir den Tipp, sie mit Malzbier und Milchkaffee mit Traubenzucker zu versorgen.

Das hilft ihr wirklich auf die Beine.

Nach 28 Tagen haben wir Welpen.

Meine Freundin nimmt sich verzweifelt frei und ich fahre verzweifelt zur Arbeit.

Wie sollen wir das denn jetzt machen?

Wir können doch jetzt die Mutter mit den Welpen nicht alleine lassen.

Gegen 10 Uhr ruft mich meine mittlerweile hysterisch gewordene Freundin an und verkündet mir die Lösung. Norah geht mit ihren Welpen zurück ins Tierheim. Mein Herz setzt zwei, drei Schläge aus.

Auf keinen Fall - niemals.

Das lasse ich nicht zu.

Ich beende meinen Dienst, nachdem ich mit meiner, in diesem Fall, verständnisvollen Chefin abgemacht habe, dass ich die nächsten Wochen Spätdienst mache.

Zuhause treffe ich auf meine - sonst so unerschütterliche - Freundin.

Ein Häufchen Elend.

Ja, wir sind sehr verwundert darüber, dass das Tierheim keine Anzeichen von Trächtigkeit bei Norah festgestellt hat.

Eine Hündin trägt 63 Tage, als wir sie bekamen trug sie bereits 35 Tage und das hat niemand, der hundeerfahren ist, gemerkt.

Sie wurden doch tiermedizinisch untersucht und nur aufgrund Zeitmangels nicht kastriert.

Seltsam mutet das Ganze schon an.

Natürlich hat meine Freundin mit dem Tierheim als auch mit der Tierschutzorganisation gesprochen.

Na ja, ich vermute, dass „sprechen" das falsche Wort ist - sie werden ihr Fett weg bekommen haben.

Aber all das nützt nichts - wir stehen da mit drei total süßen Babys.

Wie anstrengend die Zeit sein wird, ahnen wir zu diesem Zeitpunkt noch nicht.

Eins ist klar, wir müssen unseren geplanten Urlaub stornieren.

Die Treppe ist auch noch nicht fertig, da ich eine Lackfräse benötige.

Das kann ich ja dann auch erst mal vergessen.

Norah legt sich immer auf den schwarzen Welpen und wir retten ihn mehrmals.

Der Arzt erklärt uns, dass sie wahrscheinlich nicht genügend Kraft für drei hat und deshalb versucht das schwächste Baby zu töten.

Er kommt durch, wie alle anderen auch, Norah erholt sich, hat aber sehr wenig Interesse an den Welpen. Willy hält Sicherheitsabstand, schaut aber regelmäßig vorbei.

In den ersten 14 Tagen passiert nicht viel, die Welpen bewegen sich wenig, Norah flüchtet nach dem Säugen sehr schnell, manchmal hängt ein Welpe auch noch an ihren Zitzen und sie zerrt ihn so lange mit sich mit, bis er sich nicht mehr halten kann.

Mir bereitet das Zuschauen schon Schmerzen, ich möchte weder Mutter noch Welpe sein.

Zwischenzeitlich wird meine Mutter noch mit einer Gürtelrose im Kopf- und Halsbereich ins Krankenhaus eingeliefert.

Alles in allem eine super entspannte Zeit.

Ich baue eine große Kiste für die Welpen und Norah, da sie jetzt anfangen aus dem Körbchen zu kriechen und ich jedes Mal in Panik verfalle, wenn ein Welpe fehlt.

Sie ziehen um ins Wohnzimmer.

Alles Störende wird entfernt, gemeingefährliche Fallen beseitigt.

Die Renovierung meiner Treppe wird auf Eis gelegt - zu hohe Staub- und Lärmbelästigung für die Welpen - glaube ich.

Die Menschen um mich herum halten mich langsam aber sicher für verrückt.

Und so fühle ich mich auch.

Norah kümmert sich immer noch nicht wirklich.

Um 3 Uhr nachts fangen die Welpen an zu schreien, weil Norah wieder verschwunden ist.

Sie haben Hunger.

Der Tierarzt rät mir, sie mit Babynahrung und Haferflocken zu füttern.

Das mache ich jetzt jede Nacht um 3 Uhr.

Danach spiele ich etwas mit ihnen und dann schlafen wir vier erschöpft auf dem Fußboden ein.

Neben all dem Stress haben wir natürlich auch sehr viel Freude an den Welpen.

Viele süße Momente.

Manchmal möchte ich die Zeit anhalten, denn ich weiß ja, alle drei werden ein neues Zuhause bekommen.

Wir haben schon eine Anzeige aufgegeben und es gibt jetzt drei Familien, die sich auf ihre neuen Mitbewohner freuen.

Unser Wohnzimmer mit Echtholzparkett leidet arg unter der Beanspruchung.

Aber egal, das bringe ich in Ordnung, wenn wir alles hinter uns haben.

Darauf kommt es jetzt auch nicht mehr an.

Nach ungefähr vier Wochen meldet sich die verständnisvolle Frau der Tierschutzorganisation.

Ach, wie toll sie das alles machen.

Ich erzähle von dem anstrengenden Alltag und komme mir schon fast vor, als hätte ich selbst entbunden.

Ich erzähle von meiner Mutter, von dem stornierten Urlaub, von der liegengebliebenen Renovierung, von dem Stress und der Freude, von allem und bin froh, dass die Frau am anderen Ende so verständnisvoll zuhört.

Gegen Ende des Gesprächs erkundigt sie sich noch nach der Schutzgebühr.

Ja, natürlich bezahlen die Menschen €250,— für die Hunde, ja, natürlich werden sie geimpft.

Gespräch beendet.

Am nächsten Tag meldet sich die Gute wieder bei mir, um mir ihre Kontoverbindung mitzuteilen, damit wir die Schutzgebühr auf ihr Konto überweisen können.

Ich bin etwas erstaunt und das teile ich ihr auch mit.

Und wenn Sie sich bis jetzt schon mehrfach gefragt haben sollten, wieso ich diese Geschichte so ausführlich erzähle, dann werden Sie in den nächsten Zeilen den Grund dafür erfahren.

Noch heute gerate ich in schier Aufregung.

Zuerst erklärt sie mir freundlich, dass ihre Tierschutzorganisation ja von solchen Geldern lebt und so.

Bis dahin konnte ich ihr folgen, aber dann kam der Knaller.

Unmissverständlich teilt sie mir mit, ob ich mir denn bewusst darüber sei, dass wir ja sozusagen nur Pflegeeltern für Norah und Willy seien - die beiden sind immer noch ihr Eigentum und alles, was durch sie eingenommen wird, gehört halt der Tierschutzorganisation.

In mir macht sich ein seltsames Gefühl breit und ich bin sofort in Habt-Acht-Stellung.

Wie muss ich das jetzt verstehen?

Ja, Frau Tondra, wir können jederzeit die Hunde wieder abholen.

Also bringen Sie mich nicht in die Lage, über so einen Schritt nachzudenken, und überweisen sie das Geld.

WIE BITTE?

Verstehe ich das richtig?

Sie drohen damit, Norah und Willy wieder abzuholen?

Ja, wenn es Ihnen nur um das Geld geht, muss ich davon ausgehen, dass Sie nicht die richtigen Halterinnen sind und Sie Geschäfte mit den Hunden machen wollen. Dann schicke ich jemanden vorbei und der holt die Hunde ab.

Mir wird etwas schwindelig.

Und jetzt geht es nicht mehr um das Geld.

Jetzt geht es um die Drecksart dieser hinterhältigen Frau.

Sie droht mir.

Sie will mir etwas wegnehmen, das ich heiß und innig liebe trotz der ganzen Widrigkeiten, die uns die letzten drei Monate widerfahren sind.

Ich sprach ja bereits von meiner fehlenden Impulskontrolle.

Die ganze Anspannung der letzten drei Monate unterstützt meinen verbalen Ausbruch.

KRIEG!

Augenblicklich verwandle ich mich in eine schwer bewaffnete Lara Croft.

Nein, ich habe weder ihre Figur noch ihre Stärke, aber ihre Waffen.

Stop, es reicht, ersparen Sie mir weitere Verletzungen meiner Seele, ersparen Sie mir weitere menschliche Enttäuschungen, ich sage Ihnen eins und das nur noch einmal.

Diese Hunde sind Ihr Eigentum?

Dann frage ich mich, wieso Ihnen in der ganzen Zeit noch nicht in den Sinn gekommen ist, uns ihre finanzielle Unterstützung bei Willys tierärztlicher Behandlung und weiterer medikamentöser Behandlungen anzubieten. Des Weiteren frage ich mich, ob Sie dann auch für die Kosten der Welpenbetreuung zuzüglich Futter und Tierarztkosten, Urlaubsstornierung, Renovierungskosten unseres Wohnzimmers aufkommen werden.

Erst tröten Sie ganz laut, wir schicken aber noch jemanden vorbei, der überprüft, ob Norah und Willy ein gutes Zuhause haben.

Uns ist das ganz wichtig, da achten wir penibel drauf.

Niemand erscheint, aber wenn es um´s Geld geht, drohen Sie mir sozusagen mit Hundeentzug.

Sollten Sie sich auch nur ansatzweise mit dem Gedanken befassen, tatsächlich bei uns vorbeizukommen, dann tun Sie das, aber bedenken Sie dabei, dass Sie dann in der Zukunft auf diese Kollegen verzichten müssen, denn sie werden es nicht überleben.

Ich schlitze sie auf und das ist mein Ernst.

NIEMAND nimmt mir diese Hunde weg.

Sie gibt nicht auf und faselt von Vertrag und rechtmäßige Besitzerin.

Diese gefühlte Ohnmacht raubt mir den Verstand.

Vor meinem inneren Auge verwandle ich mein Zuhause in eine uneinnehmbare Festung mit Kanonen, Pech und Schwefel und Waffen für den Nahkampf.

Kurzweilig fällt mir der kaukasische Kreidekreis ein, aber es fehlen die Richter.

Gute Frau, ich werde dieses Gespräch jetzt beenden, aber nicht ohne Ihnen vorher noch die Pest an den Hals zu wünschen. Ich lege Ihnen ans Herz, ach, was sage ich da, das können Sie unmöglich haben, also an Ihren Stein, nehmen Sie meine Worte ernst.

Jeder, der versuchen wird, mir Norah und Willy abzunehmen, wird eliminiert.

Ich lege auf.

Minutenlang stehe ich regungslos am Telefon und dann breche ich weinend zusammen.

Noch am gleichen Tag verfasse ich einen Brief an die Tierschutzorganisation über den Verlauf der Vermittlung inklusive einer Kostenaufstellung.

Ich pokere hoch.

Aber die Waffen liegen bereit.

Schutzgebühr abzüglich aller uns entstandenen Kosten für IHRE Hunde und deren Nachkommen macht einen zu überweisenden Betrag von €2417, 26.

Sie haben die Wahl.

Überweisen und Hunde abholen.

Oder wir hören nie wieder von Ihnen.

Wir haben nie wieder etwas von dieser Tierschutzorganisation gehört.

Gott sei Dank.

Durch diese Hunde bin ich unvermeidbar vielen anderen Hundebesitzern begegnet - viele Begegnungen waren erfreulich. Freundliche Kontakte, nette Gespräche, liebe Hunde. Durch Willy und seine Ängste war ich gefordert, meine eigene Hundeangst etwas zu bewältigen, um ihm mehr Sicherheit zu vermitteln. Es ist noch immer zum Schmunzeln, wie er sich hinter mir versteckt, wenn aufdringliche Hunde auf uns zukommen. Steht die eine Schissbüx hinter der anderen - aber mein Beschützerinstinkt ist dann größer als meine Angst. Die spüre ich dann erst hinterher und wenn ich wieder daheim bin, sinke ich theatralisch auf's Sofa und erzähle allen in welch´gefährlicher Situation ich mich kurz zuvor noch befand und wie grandios ich sie gemeistert habe. An dieser Stelle erwarte ich natürlich Applaus.

Na ja, meist bleibt er aus, weil alle wissen, dass achtzig Prozent dazu gedichtet wurde.

Ja es stimmt, der Hund war nicht 1,80m groß und hatte keine Haifischzähne, mit denen er mich angefletscht hat, ja, die Frau hatte nicht nur ein Bein, war zierlich und 1,20m groß.

Aber es stimmt, ich habe einen leinenlosen, nicht hörenden Hund in hundert Meter Entfernung gesehen und die Tatsache, dass ich ihn aus dieser Entfernung gesehen habe, spricht für eine stattliche Größe. Natürlich habe ich mich umgedreht und bin panisch nach Hause gehetzt.

Ja, ich habe eine ausgeprägte Phantasie!

Viele Dinge passieren ausschließlich in meinem Kopf, entstehen aufgrund gelesener Geschichten, Bilder, die ich im Fernsehen gesehen habe, sie haben nichts mit der Realität zu tun.

Aber es gibt ja tatsächlich immer wieder Begegnungen mit wirklichen Vollpfostenidioten.

Ein erhöhtes Aufkommen scheint es davon in unseren Wäldern zu geben!

Soweit ich weiß, besteht in unserem Bundesland keine ausdrückliche Leinenpflicht in Wäldern.

Soweit ich weiß, sollte aber jeder Hundebesitzer seinen Hund so unter Kontrolle haben, dass er nicht die Waldwege verlässt und andere Waldnutzer belästigt, sie in ihrer Erholung stört und beeinträchtigt.

Verantwortungsvolle Hundebesitzer verhalten sich auch so, sie nehmen ihre Hunde spätestens dann an die Leine, wenn ihnen jemand begegnet.

Niemand kann sich hundertprozentig sicher sein, dass sein Hund nicht mal ganz anders reagiert als gewöhnlich.

Wer mir das erzählt, spinnt.

Ich konnte schon selbst Situationen miterleben, in denen es zu außergewöhnlich prekären Zwischenfällen kam. So war ich dabei, als eine Jägerin mit ihrem Riesenschnauzer in einer Gaststätte etwas bestellte. Der Hund lag ruhig und nicht angeleint auf dem Fußboden, als die Bedienung mit der Bestellung auf den Tisch zuging.

Plötzlich, ohne Vorwarnung, stürzte sich der Riesenschnauzer auf die Bedienung, die noch gute 2 m vom Tisch entfernt war, sprang an ihr hoch und zerriss ihr - Gott sei Dank - nur den Pullover und verletzte sie mit oberflächlichen Kratzern am Bauch und am Handgelenk. Das ging so schnell, dass selbst die Jägerin nicht in der Lage war, ihren Hund zu packen.

Ja, die Jägerin war über das Verhalten ihres, für die Jagd ausgebildeten, Hundes schockiert und sie entschuldigte sich und versicherte, dass dies noch nie geschehen sei.

Selbstverständlich kam sie für den materiellen Schaden auf.

Ob es zu einer posttraumatischen Belastungsstörung bei der Bedienung kam, kann ich nicht beurteilen, ich kann aber sagen, dass es mich in meiner Ansicht bestärkt hat - Hunde gehören an die Leine!

Diesen Satz, „Das hat er noch nie gemacht", kann ich nicht mehr hören.

Aber zurück in den Wald.

Da ich mich selbst für zwei kleine, süße, liebe Mischlinge verantwortlich fühle, befinde ich mich dort regelmässig.

Weit kommen wir nicht mehr, denn die Hunde sind alt und krank.

Sie sind angeleint, der eine weil er taub ist, der andere weil ich ihn hinter mir herschlörren muss.

Dennoch kann ich einigen verkommenen Menschen nicht aus dem Weg gehen.

Da gibt es den fußkranken, alten Mann mit seinem ebenso alten Schäferhund.

Seine Hände sind in Walkingstöcken gefesselt, der Hund nicht angeleint und er wackelt unsicher hinter seinem Hund her.

In mir schrillen bei diesem Bild schon tausend Alarmglocken.

Also bitte ich den Herrn freundlich, seinen Hund doch bitte anzuleinen.

Jetzt passiert Folgendes:

Er findet meine Forderung lächerlich, sein Hund hat doch nur Probleme mit kleinen Hunden. Seine Worte triefen vor Missachtung.

Neben seiner Fußschwäche scheint er auch noch sehbehindert zu sein.

MEINE Hunde sind klein.

Er ruft seinen Hund, der selbstverständlich nicht hört und sich weiter auf uns zubewegt und dies leider nicht freundlich.

Meine Angst wächst und ich muss jetzt aufpassen, dass ich nicht panisch werde.

Der Mann fuchtelt wild mit seinen Walkingstöcken um sich und versucht sie abzubekommen. Dabei schwankt er beängstigend hin und her.

Er bekommt sie nicht ab und sein Blick verrät mir, dass er mich dafür verantwortlich macht. Jetzt versucht er seinen Hund am Halsband zu erwischen - die Stöcke schlockern hin und her - treffen den Hund am Kopf, an der Seite - dieser weicht zurück und duckt sich eingeschüchtert.

Ungehalten schreit er seinen Hund an und ärgert sich wahrscheinlich am meisten über sich selbst. Aber wie singt der gute Konstantin „…einen braucht der Mensch zum Treten…" und genau das macht der Mann jetzt. Er tritt seinen Hund kräftig in den Hintern und jagt ihn in den Seitenweg. Mich wundert es nicht, dass dieser Hund so ein seltsam unsoziales Verhalten an den Tag legt. Versaut werden die meisten wohl vom Menschen.

Aber einen ganz besonderen „Waldfreund" möchte ich nicht unerwähnt lassen - denn er berührt mich doch auf ganz besondere Weise.

Zuerst einmal möchte ich ihn bei unserer ersten Begegnung beschreiben.

Ich schätze ihn auf 45 Jahre, 1,90 m groß, BMI über 35, also adipös, was ihn aber nicht davon abhält, den Menschen seinen Astralkörper im Jogginganzug mit Vereinsemblem zu präsentieren. Einheitliche Sportbekleidung mit Vereinsemblem gehört für viele deutsche Männer, wenn sie eine „Mannschaftstour" machen zur Pflichtausstattung. Den wenigsten traue ich eine sportliche Aktivität, über das Bierglasstemmen hinaus, zu, wenn sie einem schwankend und stinkend in Deutschlands Innenstädten begegnen. Aber glücklich sind sie in ihrer Männerrunde - wie die Kinder - nicht so süß, aber so eingenässt - im besten Fall! Seine leicht rötlich schimmernden, wenigen Haare trägt er treu deutsch sehr kurz geschnitten und man kann seine rote Kopfhaut durchschimmern sehen.

Sein Kopf ähnelt dem einer Bulldogge und wenn er in Rage gerät, sabbert er auch ähnlich. Er hat einen attraktiven Stiernacken und seine Körperhaltung strahlt nur so von Überheblichkeit und Aggressivität.

Damals hatte er nur einen Hund - eine Labradorhündin.

Sehr süß, sehr aufgeweckt und noch unerzogen.

Ist ja erstmal ganz normal, ist auch nicht schlimm!

Aber dieser Hund gehört an eine Leine.

Ich möchte nicht, dass dieser Hund auf mich und meine Hunde zugerannt kommt.

Ich kann nicht einschätzen, ob dieser Hund mir und meinen Hunden wohlgesonnen ist.

Weder ich, noch meine Hunde möchten SPIELEN.

Aber das ist dem guten Mann absolut schnuppe. Er lässt seine Hündin frei rumtoben.

Klar ruft er sie, wenn sie stiften geht.

Nützt nur nichts.

Sie rennt bellend auf uns zu und fordert ungestüm meine Hunde zum Spielen auf.

Das tut sie, indem sie sich mit ihren mindestens 20 kg auf meine 7kg arthritischen, herzkranken und 12 und 17 Jahre alten Hunde stürzt.

Zwischendurch springt sie an mir hoch.

Leider bekomme ich die quirlige Hündin nicht zu packen, ist auch schwierig mit zwei Leinen.

Meine Hunde versuchen sich in Sicherheit zu bringen, leider in verschiedene Richtungen.

Ich bin hilflos und habe Angst um meine Hunde - durch die Angst um sie, vergesse ich meine eigene. Der eine befindet sich mittlerweile im Bach und der andere röchelt, an der Leine zerrend, auf der anderen Seite.

Der Mann schreit immer noch nach seinem Hund ohne einen Hauch von Erfolg.

Jetzt hat er uns erreicht und nach einigen sehr unharmonischen Bewegungen seines bereits erwähnten Astralkörpers gelingt es ihm, seinen Hund an die Leine zu nehmen.

Dies tut er mit vorwurfsvollem Blick und ohne Anflug eines schlechten Gewissens.

Keine Entschuldigung - gar nichts, außer unbegründeter Arroganz.

Ich rette meine Hunde und in mir steigt unbändiger Zorn auf.

Ich: Können Sie ihren Hund bitte an der Leine führen, solange er nicht richtig hört.

Er: Ach, stellen Sie sich doch nicht so an, ist doch nichts passiert.

Ich: Ich möchte nicht, dass ihr Hund an mir hochspringt oder meine Hunde belästigt.

Er: Dann gehen Sie doch nicht in den Wald!

Jetzt könnte ich ihn auf der Stelle eliminieren.

Ich liebe es, im Wald zu sein, ich genieße die Ruhe, das Vogelgezwitscher, den Geruch, immer noch erfreue ich mich am Anblick eines Rehes, eines Eichhörnchens und es gibt wenige Orte, an denen ich mich so eins fühle mit dem Universum und an dem ich ein so tiefes Glücksgefühl empfinden kann.

Dieses unverschämte Miststück, dieser Vollpfostenidiot. Mein ganzes Schimpfwörterrepertoire könnte ich jetzt über ihn schütten - aber dann ständen wir noch lange nach Sonnenuntergang hier. Er fängt an mich zu beschimpfen und leider weiß ich, dass ich ihm körperlich unterlegen bin.

Und er weiß es auch, denn sonst würde er sich solche Unverschämtheiten nicht erlauben.

Ich wünschte, ich wäre Lara Croft - dann würde er jetzt mit Messer am Hals winselnd auf dem Boden liegen und sich entschuldigen für sein Fehlverhalten und er würde seinen Hund IMMER an der Leine führen.

Leider konnte ich unsere Kinder nicht davon überzeugen, dass sie sich beim nächsten Dorffest auf ihn stürzen, an ihm hochspringen, ihm in die Ohren kreischen und ich grinsend daneben stehe und süffisant auf seine Reaktion warte.

Nachdem ihm die Erziehung seiner Hündin schon misslungen ist, hat er sich jetzt noch einen unerzogenen Rüden zugelegt.

Also stürzen nun zwei bellende Hunde auf einen zu.

Meine Begeisterung wächst stetig.

Bei unserer letzten Begegnung zierte sein kleines, zierliches Köpfchen ein Trapperhut und er stützte sich auf einen Wanderstab.

Wahrscheinlich hält er sich für den sportlichen Old Shatterhand der Neuzeit.

Manchen Menschen ist einfach nichts peinlich.

Ich würde dann gerne in schallendes Gelächter ausbrechen, mir auf die Oberschenkel schlagen und ihm für diese lächerliche Erscheinung danken.

Endlich bringt er mich mal richtig zum Lachen!

Ich muss mal eben einen kleinen Exkurs mit Ihnen durchführen
und Ihnen etwas zu meinem Verhalten erklären.
Ich kann ja gar nichts für meine Art.
Ich habe ADS.
Aufmerksamkeits-Defizit-Syndrom.
Ja, eine Kollegin machte mich letztens auf folgenden Artikel
aufmerksam, mit den Worten, das bist doch du:
„Sie sind schnell enttäuscht und ungeduldig." „Keine Geduld mit
Idioten zu haben, ist ebenfalls ein klassisches ADS-Merkmal .
Während andere vielleicht wie die Katze um den heißen Brei
gehen und nach diplomatischen Formulierungen suchen, kommt
ein ADSler in der Regel direkt zur Sache und kann nicht
verstehen, wie oder warum diese Unverblümtheit als Beleidigung
aufgefasst wird…."
Also bitte, ich kann nicht anders.
Wirklich, ich will Sie gar nicht beleidigen, wenn ich Ihnen
unverblümt meine Meinung sage.
Es bricht aus mir heraus!
Einfach so!
Ich kann mich nicht beherrschen.
Ob das bei mir mit Metylphenidat, vielen besser bekannt unter
Ritalin, in den Griff zu bekommen ist, wage ich stark zu
bezweifeln und meine Lern- bzw. Berufsleistung noch weiter zu
steigern, halte ich für meine Umwelt für unzumutbar.

Soviel dazu, aber jetzt flugs zurück zu den Hundeliebhabern.

Gerne erinnere ich mich an eine Situation, als ich gerade aus
unserer Ausfahrt fuhr, um zum Spätdienst zu fahren.

Herrliches Wetter und ich relativ guter Laune.

Eine Frau geht mit ihrem Schäferhund spazieren. Sie telefoniert mit ihrem Handy. Der Gehweg ist nur 50 cm breit, so dass beide hintereinander gehen müssen. Die Frau geht vorne weg. Der Hund bleibt plötzlich stehen, es ruckt an der Leine, die Frau dreht sich kurz um und sieht ihrem kackenden Hund in die Augen.

Schnell Blick nach vorne und ganz intensiv telefonieren.

Tja, ich habe die Situation beobachtet, schade für sie.

Ich fahre langsam mit meinem Auto an ihre Seite und öffne mein Fenster nur so weit, dass sie mich hören kann und es dem Hund nicht gelingen kann, mir an die Gurgel zu springen.

Freundlich mache ich sie auf den exorbitanten Hundehaufen auf dem Gehweg aufmerksam. Verständnisvoll blicke ich sie an, ach, haben Sie bestimmt nicht mitbekommen.

Hehe, ach nein, das habe ich wirklich nicht gesehen, ich mache es später weg.

Lügnerin, denke ich.

Erstens hat sie es genau gesehen und zweitens kommt sie niemals wieder.

Später?

Ja, ich habe nichts dabei zum Wegmachen, ach, wirklich ärgerlich.

Ich lasse das Fenster etwas weiter herunter, greife süffisant lächelnd in meine Hosentasche und reiche ihr einen Hundekotbeutel.

Kein Problem, ich helfe gerne.

An ihrem Gesicht erkenne ich, dass sie mich gerne auf der Stelle töten würde und dass sie sehr wahrscheinlich noch nie einen Haufen ihres Hundes weggemacht hat.

Was glauben die Leute eigentlich?

Meinen sie, dass es mir große Freude bereitet, die Haufen meiner Hunde zu beseitigen? Nein, ich hasse dieses Gefühl, wenn ich mich mit dem Beutel über der Hand dem Hundehaufen nähere und genau weiß, was ich jetzt gleich spüren werde. Eine weiche, warme Masse wird sich an meine Hand schmiegen und ich bete jedes Mal, dass die Tüte stabil bleibt. Nein, das ist nicht selbstverständlich, es gibt Qualitätsunterschiede und manchmal gehen sie ganz schnell kaputt, diese dummen, dünnen Tütchen. Den Rest überlasse ich jetzt Ihrer eigenen Phantasie.

Die Hundebesitzer mit den großen Hunden, deren Tretminen Sie überall rumliegen sehen, werden ja wahrscheinlich nur selten angesprochen - sonst lägen ja nicht überall diese stinkenden Haufen. Ich werde regelmäßig ermahnt, die Hundehaufen meiner Hunde zu beseitigen, da haben meine noch gar nichts erledigt und in den meisten Fällen habe ich Hundekotbeutel dabei.

Ich wollte mir schon ein T-Shirt drucken lassen, auf dem steht: Bitte sprechen Sie mich nicht an, ICH HABE HUNDEKOTBEUTEL und benutze sie auch.

Für die Hundehaufen, wohlgemerkt.

Nützt ja auch nichts, dann sprechen mich wahrscheinlich die gleichen Leute an, um mich zu loben.

Manchmal gehe ich mit meinen Hunden über einen Sportplatz, um auf einen anderen Waldweg zu gelangen. Sollten meine Hunde auf diesem Weg ihr Geschäft verrichten, hebe ich es selbstverständlich auf und setze meinen Weg mit einem, an meiner Hand baumelnden, Hundekotbeutel fort. Dieser Sportplatz ist Tag und Nacht geöffnet und Menschen, groß und klein, alt und jung können ihn immer nutzen. Das ist echt toll. Letztens entdeckte ich einen DIN A 4 großen Zettel mit einer Bitte an alle Hundebesitzer, die Hundehaufen zu entfernen, sollte dies nicht passieren, werde leider der Sportplatz nur noch zu bestimmten Zeiten geöffnet werden. Hallo, hallo, ich habe noch nicht einen Hundehaufen auf dem Platz entdeckt, aber immer wieder riesige Scheißhaufen von Menschen und die Größe ließ auf einen erwachsenen Menschen schließen. Jawohl! Sowohl das eine als auch das andere ist ekelhaft, aber ins eigene Nest zu scheißen ziemlich unverständlich. Rechts und links vom Sportplatz ist Wald, begebt euch doch ein paar Meter weg, wenn euch eure Notdurft überkommt. Schön wäre es, wenn ihr es dann noch in den Busch schaffen würdet und nicht mitten auf den Spazierweg kackt. Alles schon gesehen. Ich verstehe so etwas nicht. Also auch mich hat es im Wald schon kalt erwischt, die Tatsache an sich ist schon schlimm, aber im Leben käme ich nicht auf die Idee, mitten auf den Weg zu machen. Bitte, was wollen Sie denn einem herankommenden Spaziergänger sagen? Ach, hupps, hier ist ja ein Spazierweg, na so ein Missgeschick von mir. Oder: Ich kann gar nichts dafür, da kam ein fremder Mensch, hat mir meine Hose vom Leib gerissen, mir eine Knarre an den Kopf gehalten und geschrieen, los, kack sofort auf den Weg.

Oder: Können Sie das bitte mal wegmachen. Oder: Was erlauben Sie sich eigentlich, mich einfach so beim Kacken zu stören.

Denn ich sage mal, die Erklärung sollte schon ziemlich schockierend sein und die Ausweglosigkeit ihrer Handlung deutlich machen.

Ach ja, das Leben ist wirklich schön und viele Menschen erheitern mein Gemüt.

An diese Stelle beende ich dieses Buch.

Ich bin erleichtert.

Meine Seele feiert.

Gleichzeitig steigt in mir Angst hoch.

Ich kann dieses Buch nicht veröffentlichen, mich kann dann niemand mehr leiden, jammere ich meiner Freundin die Ohren voll.

Meine Freundin antwortet ruhig und gelassen: Nicht mehr als sonst!!!

Und das stimmt, die wenigen, die mich leiden können, liebe ich, die anderen sind mir eh egal.

Wissen Sie, ich bin kein Lämmlein und auch nicht Ghandi, leider. Wenn mich jemand Arschloch nennt, kommt er nicht ungeschoren davon, mein Selbstwert ist mir heilig. Ja, viele Menschen sagen, schweigen hilft, mir nicht. Meine Zunge kann schärfer sein als jedes ihnen bekannte Schneidewerkzeug.

Und das wird wohl immer so bleiben.

Auch ich pflege meine Traumata.

Glauben Sie mir, ich habe noch tausende Geschichten in meiner kranken Rübe und vielleicht finde ich Menschen, die das Leben so erleben wie ich, und dann gründe ich eine Selbsthilfegruppe.

Ich freue mich auf euch!

Ich habe das Gefühl, dass nur meine Zahnärztin mich wirklich versteht. In ihrer freundlichen und zugewandten Art teilte sie mir letztens sehr bestimmt mit: „Frau Tondra, sie brauchen eine Krone!"

Und jetzt verabschiedet sich eure Überheblichkeit!!!!

Ich sage Danke…

Früher habe ich immer gedacht: Was soll das immer mit diesen
dösigen Danksagungen in einem Buch?
Die Autorin oder der Autor schreibt ein Buch.
Schlägt sich Nächte um die Ohren, verzweifelt an seinen
Gedanken oder an dem nicht vorhanden sein solcher und dann
sagen sie irgendwem Danke.
Tja, heute weiß ich warum.
Nach so einem Projekt gibt es tatsächlich Menschen, denen man
aufrichtig danke sagen möchte.
Auch wenn mir das Schreiben Spaß gemacht hat, so haben mich
auch häufig Selbstzweifel geplagt und ich habe die Menschen um
mich herum mit meinem Gejammer genervt.
Sie mussten sich neue Kapitel anhören, ob sie wollten oder nicht.
Auch aus diesem Grund möchte ich mich an dieser Stelle
aufrichtig bedanken:
Ich danke meiner tollen Familie, die in kreativen Phasen keine
Chance hatte, mir und meinen geistigen Ergüssen zu entkommen,
und dennoch über meine Witze gelacht hat.
Ich liebe Euer Lachen.
Ich hoffe es war nicht aus purer Verzweiflung.
Ich danke der lieben Thea für ihre inhaltliche und
grammatikalische Unterstützung - ohne sie hätte der Linguistik
Ästhet doch an der einen oder anderen Stelle schmerzhaft das
Gesicht verzogen. Ich hoffe Thea, Deine Schmerzen beim
Korrigieren haben sich in Grenzen gehalten.
Dem lieben Ölöf danke ich für die Geduld und die Umsetzung
der Covergestaltung und natürlich danke für deine liebevollen
SMS und schönen Fotos in dieser Zeit.

Ich danke allen Menschen, die dazu beigetragen haben, dass dieses Buch entstanden ist.

Ganz besonders denen, denen ich im Wald, bei Mc Donald´s, bei der Arbeit oder wo auch immer begegnet bin - ihr macht mein Leben bunt und AUFREGEND.